KB264944

하늘은
먼저 주는 자를
돕는다

하늘은 먼저 주는 자를 돕는다

초판 1쇄 발행 2013년 11월 1일

지은이 조영탁 · 발행인 권선복 · 편집주간 김정웅 · 편집 김소영, 김호연, 조웅연 · 디자인 김소영, 최새롬, 박연주 · 마케팅 서선교 · 전자책 신미경 · 발행처 도서출판 행복에너지 · 출판등록 제315-2011-000035호 · 주소 (157-010) 서울특별시 강서구 화곡로 232 · 전화 0505-613-6133 · 팩스 0303-0799-1560 · 홈페이지 www.happybook.or.kr · 이메일 ksbdata@daum.net

값 15,000원

ISBN 979-11-5602-010-3   14300
ISBN 979-11-5602-004-2(세트)

도서출판 행복에너지는 독자 여러분의 아이디어와 원고 투고를 기다립니다. 책으로 만들기를 원하는 콘텐츠가 있으신 분은 이메일이나 홈페이지를 통해 간단한 기획서와 기획의도, 연락처 등을 보내주십시오. 행복에너지의 문은 언제나 활짝 열려 있습니다.

도서출판 행복에너지 홈페이지를 방문하여 회원가입 하시면 신간발행 소식과 함께 (주)휴넷 조영탁 대표님의 행복한 경영이야기 소식을 전송하여 드립니다.

조영탁의 행복한 경영이야기
인간관계 편

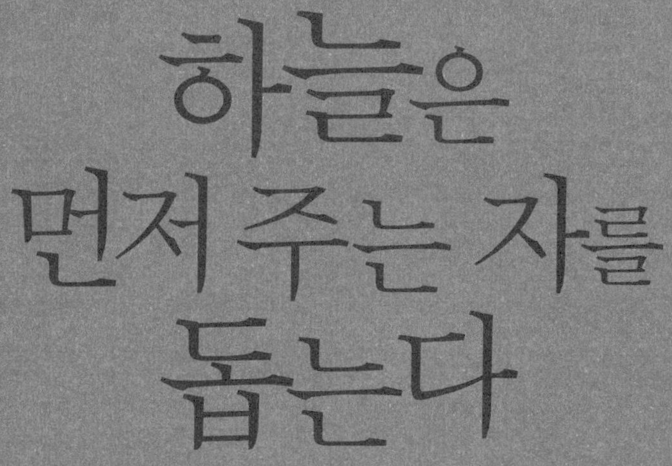

하늘은 먼저 주는 자를 돕는다

조영탁 지음

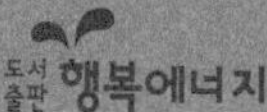

도서출판 행복에너지

나폴레온 힐은 20여 년에 걸쳐 전 세계적으로 가장 크게 성공한 사람 500명을 인터뷰한 결과, "성공한 사람, 성공하는 사람들의 85%는 재능이 아닌 인간관계 덕분에 성공했다."라고 주장한 바 있습니다. 물론 재능은 중요합니다. 그러나 세상은 점점 혼자만의 힘이 아닌 사람들과의 관계에 의해 모든 일의 성패가 결정되도록 변해가고 있습니다.

다른 사람의 마음을 훔칠 수 있는 사람, 재능보다는 덕으로 사람들의 감동을 이끌어 낼 수 있는 사람, 남을 존중하고 배려하고 칭찬하고 먼저 도와 줄 수 있는 사람들이 더욱더 큰 결과를 만들어 낼 수 있습니다.

성품이 성공을 결정합니다. 그러나 훌륭한 성품을 갖췄다고 해서 자동적으로 인간관계가 좋아지는 것은 아닙니다. 휴먼 스킬의 중요성을 인지하고 이를 계발하기 위한 꾸준한 노력을 경주해야 비로소 관계자산이 구축되고 그 활용도가 높아지게 됩니다.

본서는 지난 10년간 발행된 '조영탁의 행복한 경영이야기' 중 성품과 인간관계에 관한 내용을 모아서 엮은 것입니다.

10년 전 어느 날, '어차피 하는 공부라면 남들과 함께 나누자'는 소박한 생각으로 조영탁의 행복한 경영이야기를 시작하였습니다. 초기에는 초일류 기업과 훌륭한 경영자, 경영학자들을 연구하면서 '위대한 기업'의 조건을 밝히고 그 결과를 공유하였습니다. 점차 경영을 넘어 자기계발, 리더십, 문학, 철학, 역사를 포함한 인문학까지 범위를 확대했습니다.

권당 하나의 주제, 주제당 한 시간을 가정할 경우 대략 2,500여 권의 책, 2,500시간을 행복한 경영이야기에 투자했다 할 수 있습니다.

그동안 200만 독자로부터 분에 넘치는 사랑을 받았습니다. 그러나 행복한 경영이야기로 인해 가장 행복한 사람은 바로 저입니다. 행복한 경영이야기 덕분에 신나게 공부하고 활기차게 생활할 수 있었습니다. 매일 새벽 6시 30분에 출근하여 책을 읽고 촌철활인의 통찰을 메모하며, 주옥같은 명언을 발췌했습니다. 소위 '10년 법칙'처럼 꾸준한 학습을 해온 덕에 경영과 리더십, 인생을 살아가는 법을 조금은 터득하게 되었습니다.

여러분의 분에 넘치는 사랑에 보답코자, 지난 10년간의 행복한 경영이야기를 꿈과 비전, 긍정, 열정, 인간관계, 리더십, 실천, 경영, Best 행경 주제로 정리하여 총 10권의 책으로 출간하였습니다.

동서고금을 통틀어 2,500여 책에서 가장 감명 깊은 구절들을 뽑아 엮어놓고 보니, 이대로 세상을 살아갈 수만 있다면 누구나 행복한 인생, 성공하는 삶을 살아갈 수 있을 것이라는 생각이 듭니다. 본서가 독자 여러분의 행복한 성공에 조금이라도 도움이 될 수 있기를 기원합니다.

조영탁

목차

PART 3

인간관계 스킬 업

조 영 탁 의 행 복 한 경 영 이 야 기
인간관계 편

관계자산

(relation capital) 구축

멀리 가려면 함께 가라

먼저 원하는 것을 주어라

멀리 가려면
함께 가라

함께하면 더 큰일을 이룰 수 있다

나는 당신이 할 수 없는 일을 할 수 있고, 당신은 내가 할 수 없는 일을 할 수 있다. 따라서 우리는 함께 큰일을 할 수 있다.

– 마더 테레사

촌철활인 | 한 치의 혀로 사람을 살린다

바야흐로 개별적 경쟁에서 네트워크 간, 생태계 간 경쟁으로 큰 틀이 바뀌어가고 있습니다. 새로운 패러다임 하에서는 나와 다른 남을 인정하고, 다른 것들이 합쳐져야 더 큰 힘을 낼 수 있다는 믿음, 나보다는 파트너의 이익을 먼저 생각하는 배려와 공존의식, 대의를 위해서는 사사로운 손해를 감수할 수 있는 배포, 이런 생각과 문화가 DNA로 내재화된 개인과 기업이, 승리의 월계관을 가져가게 될 것입니다.

팀워크는 '펭귄의 부리'와 같다

펭귄은 이빨이 없다. 그런데도 물고기를 잘 잡는다. 어떻게 이런 일이 가능할까? 그것은 바로 펭귄의 부리 속에 촘촘하게 난 털 때문이다. 부리 안에 난 털은 모두 입 안쪽을 향하고 있다. 이 털 한 올 한 올의 힘은 약하지만, 이 털이 합쳐지면 매우 강력한 힘을 발휘한다. 그래서 일단 펭귄에게 물린 물고기는 아무리 발버둥 쳐도 빠져나가지 못한다.

– 츠카코시 히로시, '오래 가려면 천천히 가라'에서

촌철활인 | 한 치의 혀로 사람을 살린다

한 사람의 힘은 미약하지만, 그 힘이 합쳐지면 매우 강력해집니다. 펭귄 부리 안의 털이 한 방향을 향하고 있듯이 같은 이념을 공유하고 한 가지 목적을 향해 결집된 힘을 발휘할 때 이 세상에 두려운 것이 없게 됩니다. 그것이 바로 팀워크입니다. 약한 자들이 합쳐서 강한 자를 이기는 것, 이것이 팀워크의 진정한 묘미입니다.

뿌리 얕은 나무가
거센 강풍을 이겨내는 법

강풍이 자주 부는 미국 서부 해안에는 세콰이어 나무가 산다. 이 나무는 뿌리가 얕아서 바람에 쉽게 날아갈 것 같은데, 거센 강풍이 불어도 쉽사리 날아가는 법이 없다. 혼자 자라지 않고, 꼭 여럿이 숲을 이루고 얕은 뿌리지만 서로 단단히 얽혀 있기 때문이다.

— 오종환, '행복할 때 살피고 실패할 때 꿈꿔라'에서

촌철활인 | 한 치의 혀로 사람을 살린다

미래 수입을 알려면 같이 식사하는 열 사람의 평균 수입을 계산해 보면 된다는 말이 있습니다. 수입을 두 배로 늘리고 싶다면 새로운 친구를 늘리고 인생을 성공으로 이끌어줄 스승을 추가하라는 말도 있습니다. 혼자서는 멀리 갈 수도, 잘 갈 수도 없습니다. 파리가 천 리를 가기는 어렵지만, 천리마의 엉덩이에 붙어 간다면 가능합니다.(김성회, '하이터치 리더'에서)

다른 사람에게 관심이 없는 사람은

다른 사람들에게 관심이 없는 사람은 인생을 사는 데 굉장히 어려움을 겪게 되고, 다른 사람들에게도 해를 끼치게 된다. 인간의 모든 실패는 이런 유형의 인물에서 비롯된다.

– 알프레드 아들러(심리학자)

촌철활인 | 한 치의 혀로 사람을 살린다

사람에 대한 관심이 적은 사람이 경영자나 리더로서 성공할 수는 없습니다. 포드 자동차 창업회장인 헨리 포드는 일찍이 "이 세상에서 성공의 비결이란 것이 있다면 그것은 타인의 관점을 잘 포착해 그들의 입장에서 사물을 볼 수 있는 재능, 바로 그 것이다."라고 다른 사람에 대한 이해와 공감, 그리고 성공과의 상관관계를 갈파한 바 있습니다.

젊어서는 돈을 들여서라도
인맥을 만들어라

젊었을 때는 돈을 빌려서라도 훌륭한 인맥을 만들어야 한다. 물은 어떤 그릇에 담느냐에 따라 모양이 달라지지만, 사람은 어떤 친구를 사귀느냐에 따라 운명이 결정된다.

— 히구치 히로타로(아사히맥주 회장)

촌철활인 | 한 치의 혀로 사람을 살린다

훌륭한 인맥구축을 위해선 성공의 85%가 인간관계에서 비롯된다는 엄연한 사실을 직시하고 여기에 투자를 아끼지 말아야 합니다. 또한 나의 이익보다는 상대의 이익을 앞세워주는 이타주의, 무엇보다도 끊임없는 수양을 통해 홀로 설 수 있을 정도의 인격과 실력을 미리 갖추는 것이 필요합니다.

내 성공의 비결

내 성공의 10%는 비할 데 없이 왕성한 내 개인의 진취적 태도에 의한 것이고, 나머지 90%는 모두 강력한 나의 팀에 의한 것이다.

— 잭 웰치(GE 전 회장)

촌철활인 | 한 치의 혀로 사람을 살린다

"못난 갖바치 세 명이 제갈량을 이긴다."라는 중국 속담이 있습니다. 나무가 아무리 크더라도 혼자서 숲을 이룰 수는 없습니다. 빌 게이츠도 "팀 협력은 성공을 위한 담보다. 팀 협력을 중시하지 않는 기업은 성공할 수 없다."라고 말합니다. 큰 성공은 팀이 만들고 작은 성공은 개인이 만듭니다.

가장 만족스러운 결과를 얻는 사람은

가장 만족스러운 결과를 얻는 사람은 가장 뛰어난 아이디어를 가진 사람이 아니다. 동료들의 머리와 능력을 가장 효과적으로 조율하는 사람이다.

– 알톤 존스(석유회사 CITGO 회장)

촌철활인 | 한 치의 혀로 사람을 살린다

마쓰시타 고노스케는 "불확실한 기업 환경에서 장기적으로 살아남는 길은 직원 한 사람 한 사람의 지능을 100% 동원할 수 있느냐에 달려있다."라고 말했습니다. 몇몇 경영자들은 본인이 가장 많은 것을 알고 있다고 우쭐대기도 합니다. 그러나 경영자가 누구보다도 많이 알아야 할 것은 다름 아닌, '모든 직원들의 역량을 마지막 1%까지 완전히 발휘할 수 있도록 해주는 방법'이어야 합니다.

관계자산(relation capital)을 키워가라

가난함이란 지금까지는 '갖지' 못한 것을 의미했으나, 가까운 장래에는 '소속되지' 못한 것이 될 것이다. 미래에는 첫째가는 자산이 네트워크에의 소속이 될 것이다. 이것은 '주도적으로 성취해가는 삶'을 살아갈 수 있는 우선적 조건이 될 것이다.

– 자크 아탈리(경제학자)

촌철활인 | 한 치의 혀로 사람을 살린다

11년간 프랑스 미테랑 대통령 보좌관을 지낸 자크 아탈리는 미래의 대안사회를 '인간적인 길'이라고 명명합니다. 그는 특히 미래사회에서의 '인간관계성 자산'에 주목하고 있습니다. 개인의 권력과 부는 물질적 재산이나 생산수단에 한정되지 않고, 건강, 지식, 다른 사람과 맺고 있는 관계, 자신이 소속된 네트워크와 소통하게 해 주는 언어로 말미암아 풍요롭게 된다고 주장합니다.

좋은 인간관계와 건강

최근 5년 간 14개 빌딩, 1,500개 사무실의 직장인 5,000명을 조사한 결과 사무실내 인간관계가 실내공기나 작업 환경보다 건강에 더 큰 영향을 미치는 것으로 나타났다. 직장 내 인간관계가 좋지 않을 때는 두통, 피로, 알레르기 질환 등 육체적, 정신적 고통을 호소하는 경우가 많았다.

– 독일 예나대 연구팀

촌철활인 | 한 치의 혀로 사람을 살린다

일찍이 백낙천도 "인생행로의 어려움은 물에 있는 것도 아니요, 산에 있는 것도 아니다. 인간관계의 어려움 때문이다."라고 말했다고 합니다. 저는 '업무 외의 스트레스는 Zero가 되는 회사를 만들어야 한다.'고 늘 다짐하고 있습니다. 올바른 인간관계 역시, 내가 먼저 다가가고, 내가 먼저 마음을 열고, 먼저 인사하고, 먼저 웃는 데서 시작될 수 있습니다.

전투가 아닌 전쟁에서 승리하기

실력과 재능으로 사업에서 성공하는 것은 전투에서 승리하는 것이지만, 신뢰와 진실된 마음의 휴먼네트워크를 구축하는 것은 전쟁에서 승리하는 것이다.

– 이창우, '다시 이병철에게서 배워라'에서

촌철활인 | 한 치의 혀로 사람을 살린다

작은 전투에서의 승리에 집착하다 보면 정작 이겨야 할 전쟁에서 패하는 경우가 많습니다. 'Good to great' 저자 짐 콜린스는 "성공이란 세월이 흐를수록 가족과 주변 사람들이 나를 점점 더 좋아하는 것이다."라고 말한 바 있습니다. 고객, 직원, 대 사회적 관계를 포함한 모든 사람들과의 관계에서 상호간에 존경과 신뢰를 보낼 수 있는 관계를 구축하는 것이야말로 장기적 승리를 위한 초석이 됩니다.

적을 만들지 마라

친구는 성공을 가져오나 적은 위기를 가져오고 애써 얻은 성공을 무너뜨린다. 조직이 무너지는 것은 3%의 반대자 때문이며 열 명의 친구가 한 명의 적을 당하지 못한다. 쓸데없이 남을 비난하지 말고, 항상 악연을 피하여 적이 생기지 않도록 하라.

– 양광모, '인간관계 맥을 짚어라'에서

촌철활인 | 한 치의 혀로 사람을 살린다

미국 경영컨설틴트, 존 팀펄리는 현대 사회를 누구를 아느냐, 즉 Know who의 시대라고 하였습니다. 보스턴 대학에서 7세 어린이 450명의 일생을 40년간 추적한 결과, 성공과 출세에 가장 중요한 영향을 미친 요인은 첫째, 다른 사람과 어울리는 능력이고 둘째, 좌절을 극복하는 태도이며 셋째, 감정을 조절하는 능력으로 조사되었습니다.

성공은
당신이 아는 사람을 통해 찾아온다

성공은 당신이 아는 지식 덕분이 아니라, 당신이 아는 사람들과 그들에게 비춰지는 당신의 이미지를 통해 찾아온다.

— 리 아이아코카(Lee Iacocca, 크라이슬러 전 회장)

촌철활인 | 한 치의 혀로 사람을 살린다

실력배양 없이 네트워킹에만 힘을 쏟는 것도 문제지만, 능력은 갖추고 있으면서 네트워킹을 소홀히 하는 것 또한 바람직한 일은 아닙니다. 스스로의 능력을 키워가는 동시에 상대를 도와서 나를 이롭게 하는 것, 그것이 바로 네트워킹의 지혜이며 상생의 원리입니다.

모든 성공은 다른 사람들 덕분이다

모든 성공은 다른 사람들의 도움이 있어야만 가능하다. 자신이 잘해서 성공했다고 자만하는 순간 성장은 멈춘다. 성공하고 싶다면 당신이 이룬 모든 성과는 다른 사람의 덕이라는 사실을 깨달아야 한다. 그러면 예상하지 못한 더 큰 기회를 갖게 될 것이다.

– 요코우치 유이치로(후지겐 창업자), '열정은 운명을 이긴다'에서

촌철활인 | 한 치의 혀로 사람을 살린다

내가 잘해서 성공했다고 생각하면 그것이 마지막 성공일 가능성이 높습니다. 반대로 '남의 도움으로' '운이 좋아서' 성공했다고 생각하면 성공이 지속되고 그 크기가 더욱 커질 것입니다.

혼자 하려 하지 말라

우드로 윌슨 미국 대통령은 "자기 자신의 두뇌뿐 아니라 빌려 쓸 수 있는 두뇌까지 모두 사용해야 한다."라고 말했다. 왜 두뇌만 빌리는가? 손도 마음도 모두 빌려라. 린든 존슨 대통령은 이 사실을 알고 있었다. "모두가 힘을 합쳐 해결하지 못할 문제는 없다. 그러나 혼자서 해결할 수 있는 일은 거의 없다."

– 존 맥스웰, '매일 읽는 맥스웰 리더십'에서

촌철활인 | 한 치의 혀로 사람을 살린다

"유능한 인재 뒤에는 다른 유능한 인재 여럿이 있다."라는 중국 속담이 있습니다. 모든 것을 혼자하려고 하는 사람에겐 이미 게임은 끝난 것이나 다름없습니다. 뭔가 큰일을 도모한다면 반드시 다른 사람들과 함께해야 합니다. 위대한 일은 결코 혼자 힘으로는 이룰 수 없습니다.

거미와 꿀벌의 차이

나는 프랜시스 베이컨의 거미와 꿀벌의 비유를 좋아한다. 그에 따르면, 거미는 자기 힘에 의지해 홀로 일하기 때문에 독밖에 만들어 내지 못한다. 반면 꿀벌은 자연에서부터 가져온 원재료를 가지고 일을 하여 꿀을 만들어낸다.

– 제임스 다이슨, '계속해서 실패하라'에서

촌철활인 | 한 치의 혀로 사람을 살린다

자신이 잘났다고 생각하고 혼자 다 알아서 할 수 있다고 생각하는 유능한(?) 사람들은 다른 사람을 신뢰하지 못하고, 타인에 대한 존중과 배려보다는 비판과 무시로 일관할 수 있습니다. '팀보다 더 뛰어난 개인은 없다'는 사실을 아는 사람만이 리더의 자격이 있습니다.

고객이 고객을 부르는 '250의 법칙'

한 사람의 인간관계 범위는 대략 250명 수준이다. 나는 한 사람의 고객을 250명 보기와 같이 한다. 한 사람의 고객을 감동시키면 250명의 고객을 추가로 불러올 수 있다. 반면에 한 사람의 신뢰를 잃으면 250명의 고객을 잃는 것이다.

– 조 지라드(Joe Girard, 미국 자동차 세일즈 왕)

촌철활인 | 한 치의 혀로 사람을 살린다

35세까지 40여 개 직장을 전전하던 별 볼 일 없던 사람이었던 조 지라드는 250 법칙을 깨닫고 고객 한 명 한 명에게 최선을 다함으로써 연간 3,001대의 자동차를 팔아 기네스북에 오를 정도로 최고의 세일즈맨이 되었습니다. '한 사람의 고객을 250명의 고객처럼 대하라' 고객중심사회에서 꼭 새겨야할 귀중한 법칙임에 틀림없습니다.

직장에 절친한 친구가 있는 직원들

직장에 절친한 친구가 있을 경우, 그 사람의 회사 전반에 대한 참여도는 54%나 증가한다. 반면에 그런 친구가 없을 경우 그 가능성은 0으로 떨어진다. 놀랍게도 직장에서의 친구를 설명하는 데 '절친한'이라는 말을 사용하는 것이 최고의 업무 집단을 나타내는 결정적인 특징이 되고 있다.

– '최강 조직을 만드는 강점 혁명'에서

촌철활인 | 한 치의 혀로 사람을 살린다

일반적으로 직장에서는 친구라는 개념 자체를 꺼려합니다. 잡담과 농담, 빈둥거리면서 시간 때우기, 타 직원 따돌리기 등을 걱정하기 때문입니다. 그러나 절친한 친구가 회사에 있다는 것은 힘든 일이 있으면 도와줄 거라는 신뢰, 정서적이고 협력적인 결속, 스트레스 감소 등 다양한 이점이 있습니다.

A급 선수는 A급 선수와
함께하는 것을 좋아한다

삶에서 만나는 것들은 대부분 최고와 평범함 사이의 차이가 30퍼센트 정도이다. 최고의 항공 여행, 최고의 식사, 이런 것들은 평범한 항공 여행이나 식사에 비해 30퍼센트 가량 더 낫다. 하지만 사람은 다르다. 평범한 인재보다 50배 이상 뛰어난 인재들도 있다.

– 스티브 잡스

촌철활인 | 한 치의 혀로 사람을 살린다

계속되는 스티브 잡스의 이야기입니다. "사람들은 뛰어난 인재들은 사람들과 함께 일하는 걸 싫어할 거라고 말한다. 하지만 나는 A급 선수들은 A급 선수들과 함께 일하는 걸 좋아한다는 사실을 깨달았다. 그들은 단지 C급 선수들과 일하는 걸 싫어할 뿐이다."

많은 관계 속에서
가장 아름다운 관계

우리 삶에서 가장 중요한 단어 중 하나는 '관계'일 것입니다. "관계가 철로라면 사랑은 그 위를 달리는 열차와도 같다."라는 말이 있습니다. 관계 중 가장 아름다운 관계는 결혼입니다. 관계에서 가장 중요한 요소는 친밀감입니다. 친밀감은 두 사람의 삶을 풍성하게 만들어 주며, 위기가 닥쳤을 때 싸워 이기게 만드는 힘이 됩니다.

— 김성묵, '좋은 남편 되기 프로젝트'에서

촌철활인 | 한 치의 혀로 사람을 살린다

우리는 많은 관계 속에서 살아가고 있습니다. 부부 관계, 부모자식 관계, 회사동료 관계. 친구 관계 등등…. 그러나 그 관계 속에서 우리는 얼마나 친밀감을 느끼고 행복감을 느끼고 살아가고 있는 것일까요? 배우자에게 "사랑해, 미안해, 고마워."라는 사랑의 말을 자주 해 보는 것은 어떨까요? 부부가 정서적으로 친밀해야 가정이 행복해진답니다.

먼저
원하는 것을 주어라

세상에서 가장 어려운 일

"세상에서 가장 어려운 일이 뭔지 아니?" "흠…. 글쎄요, 돈 버는 일? 밥 먹는 일?" "세상에서 가장 어려운 일은 사람이 사람의 마음을 얻는 일이란다. 각각의 얼굴만큼 다양한 각양각색의 마음을, 순간에도 수만 가지의 생각이 떠오르는데, 그 바람 같은 마음이 머물게 한다는 건 정말 어려운 거란다."

– 생텍쥐페리. '어린왕자'에서

촌철활인 | 한 치의 혀로 사람을 살린다

세상에서 가장 어려운 일, 아니 가장 중요한 일은 다른 사람의 마음을 얻는 것입니다. 우리는 늘 상사와 동료, 부하직원들의 마음을 얻기 위해 노심초사합니다. 그러나 마음을 얻는 것은 기술Skill이 아니라 원칙에 가깝습니다. 도덕성과 올바른 성품, 비전 제시, 존중과 칭찬, 변화와 성과 창출, 이 모든 것들은 구성원의 마음을 얻기 위한 원칙들입니다. 이러한 원칙도 개발 가능하다는 것이 우리에게 희망을 가져다줍니다.

열정과 충성심을 이끌어 내는 법

사람의 시간은 돈을 주고 살 수 있다. 돈을 주면 주어진 장소에 사람을 배치할 수도 있다. 시간당 임금을 주고 숙련된 근육노동을 살 수도 있다. 그러나 열정을 살 수는 없다. 충성심도 살 수 없다. 헌신적인 마음과 정신과 영혼은 돈을 주고도 살 수 없다. 그런 열정과 충성심은 얻어야만 하는 것이다.

– 클라렌스 프랜시스(제너릴 푸즈 CEO)

촌철활인 | 한 치의 혀로 사람을 살린다

마음은 돈으로 살 수 없습니다. 자신이 아닌 구성원의 이익을 최우선 하는 리더, 섬김을 받기보다는 먼저 섬기고 봉사하는 리더, 시키기 전에 행동으로 모범을 보이는 리더에게 구성원은 무한한 존경과 신뢰를 보냅니다. 충성심은 구성원에게 신뢰를 얻은 리더에게 보상으로 주어지는 것입니다.

신의 경제학

신의 경제학은 아주 간단하다. 자신이 준 만큼 받는 것이다. 이는 대가를 바라고 주는 것이 아니라 순수하게 베푸는 것을 말한다. 꼭 물질적인 면뿐 아니라 우리가 누리는 행복과 사람에 대한 친절 등을 위해서도 이 법칙을 이용하길 바란다. 바로 이것이 우리가 이뤄내야 할 진정한 성공이다.

– 나폴레온 힐, '성공의 법칙'에서

촌철활인 | 한 치의 혀로 사람을 살린다

사람들에게 봉사하면, 그들은 나에게 봉사합니다. 남을 행복하게 할 수 있는 사람이 행복을 얻을 수 있습니다. 포드 자동차 창업회장 헨리 포드는 봉사를 주로 한 사업은 흥하고, 이득을 주로 취하는 사업은 쇠하게 되어있다고 주장합니다.

노웨어 시대에 성공으로 가는 길

노웨어(know where), 즉 정보가 어디에 있는지를 알고 필요한 정보를 언제든지 활용할 수 있는 능력이 중요해진 시대에 성공하기 위해서는 다른 사람들이 나에게 먼저 신세 지게 만들고, 먼저 기억나게 만들고, 먼저 감사하게 만들면 된다. 그렇게 하면, 일계지손(日計之損)이나 연계지익(年計之益)이 된다.

– 김광수(동아전기 회장)

촌철활인 | 한 치의 혀로 사람을 살린다

"하루하루 계산을 해 보면 부족한데, 연말에 가서 총계를 따져보니 남아돌아가더라."라는 의미의 일계지손日計之損이나 연계지익年計之益은 장자莊子 '잡편雜篇'에 나오는 "일계지이부족日計之而不足이요, 세계지이유여歲計之而有餘."라는 말에서 유래되었습니다. 노웨어 시대는 결국 사람의 마음을 살 수 있는 사람이 승자가 됩니다. 마음을 사는 첩경은 먼저 주는 것에 있습니다.

먼저 원하는 것을 주어라

내가 여러분에게 줄 수 있는 교훈이 하나 있다면 바로 그것이다. 무언가가 부족하거나 필요하다고 느낄 때마다 먼저 원하는 것을 주어라. 그러면 그것이 푸짐하게 돌아올 것이다. 이것은 돈과 미소, 사랑, 그리고 우정에 대해서도 같다.

— 로버트 기요사키, '부자 아빠 가난한 아빠'에서

촌철활인 | 한 치의 혀로 사람을 살린다

고사성어는 많은 것을 가르쳐 줍니다. 남을 이롭게 함으로써 내가 이롭게 된다는 '자리이타自利利他'라는 불교용어와 먼저 의리(신뢰)를 추구하고 이익은 그 다음에 추구하라는 '선의후리先義後利'를 통해 많은 것을 배웠습니다. 큰 것을 얻기 위해서는 늘 먼저 주어야 합니다.

얻으려 하지 말고 주기를 즐겨 하라

인간관계에 있어서 가장 큰 도전 중 하나는 대부분의 사람들이 뭔가를 얻기 위해 인간관계를 시작한다는 사실에서 비롯된다. 사람들은 자신을 기분 좋게 해줄 사람들을 찾고자 애쓴다. 사실, 관계가 지속되는 유일한 방법은 관계를 무언가를 얻는 것이 아니라 무언가를 주는 것으로 바라보는 것이다.

– 앤서니 로빈스

일전에 "한국 사람들은 'take & give'의 관점에서 인간관계를 바라보는 경향이 있다."라는 모 외국인의 인터뷰 내용을 보고 얼굴이 뜨거워짐을 느꼈던 적이 있습니다. 제대로 된 관계를 위해서는 받을 것보다 줄 것을 먼저 생각하는 'give & take' 정신이 기초가 되어야 합니다. 다행히 인간관계도 노력하는 만큼 좋아지는 능력과 기술에 해당합니다.

피플 스킬, 60대 40의 법칙

대인관계에서 60퍼센트를 내주고 40퍼센트를 받으면 당신은 성공한 사람이고 행복한 사람이다. 가족은 물론 직원도 다 마찬가지다. 더 많이 주면 가정도 화목하고, 회사 직원들도 최선을 다하여 회사를 발전시킨다.

– 노비 야모고시(노바트 대표)

촌철활인 | 한 치의 혀로 사람을 살린다

휴먼 스킬human skill은 갈고 닦을 수 있으며, 몸에 배게 할 수 있는 기술입니다. 물론 하루아침에 얻을 수 있는 것은 아닙니다. 60%를 먼저 주는 실천이 몸에 배게 된다면 누구나 이미 남을 배려하는 사람으로서 성공 대열에 몇 걸음은 더 다가가 있을 것입니다. (전신애, '너는 99%의 가능성이다'에서)

내가 부자가 된 이유

내가 부자가 된 것은 뭐든지 남들보다 두 배 더 한다는 생각으로 열심히 살아온 덕이다. 하지만 돈이라는 게 열심히 한다고 들어오는 게 아니고 운도 따라야 한다. 지금에 와서 보니 그 운이라는 게 내가 베푼 만큼 돌아왔다. 결국 돈을 잘 쓸 줄 아는 사람이 돈을 잘 번다.

– 한창우(일본 마루한 회장)

촌철활인 | 한 치의 혀로 사람을 살린다

남에게 잘 베풀고, 남보다 두 배 더 열심히 일하면 부자가 될 수 있다는 평범한 진리를 말하고 있습니다. 한 회장은 돈을 버는 건 기술이지만 돈을 쓰는 건 예술이라 합니다. 좋은 예술이 영원히 남듯이 돈을 좋은 데 사용하면 그 돈의 가치는 계속 남게 됩니다.

주면 줄수록 내가 더 행복해진다

내 인생에서 금전적으로 가장 행복했던 순간은 큰 거래를 성사시켜 엄청난 수익을 올려 흥분했을 때가 아닌 도움을 필요로 하는 사람들을 도와줄 수 있을 때 찾아왔다. 하나를 더 주면 그만큼 행복해진다. 그리고 행복해질수록 베풀기는 더 쉬워진다.

— 존 헌츠만(미국 정치인)

촌철활인 | 한 치의 혀로 사람을 살린다

심리학자 엘리자베스 던과 라라 애크닌 등의 연구결과 '대개는 자신을 위해 돈을 쓴 사람이 더 행복하리라 생각하지만 사실은 그 반대'라고 합니다. 이것을 경제학자들은 '베풂의 따뜻한 빛'이라 부르고 심리학자들은 '돕는 자의 희열'이라고 칭합니다.(애덤 그랜트 저, 'Give and take'에서)

마더 데레사 효과

의대생들을 봉사 활동에 참여시킨 후 체내 면역 기능을 측정한 결과 면역기능이 크게 증강되었다. 또한 마더 데레사의 전기를 읽게 한 다음 인체 변화를 조사했더니 그것만으로도 생명 능력이 크게 향상되는 것으로 나타났다.

– 하버드 대학 실험 결과

촌철활인 | 한 치의 혀로 사람을 살린다

연구진은 이렇게 봉사활동을 하거나 봉사의 모습을 보기만 해도 면역기능이 높아지는 것을 두고 '마더 데레사 효과'라고 이름 붙였습니다. 봉사는 남을 위한 일이지만 봉사를 통해 얻는 기쁨은 결국 나를 위한 것이 됩니다.

정신건강과 육체건강의 비결

항상 남을 이용하려 하고, 남의 것을 빼앗으려 하는 사람, 매사에 타산적이고 고립적인 사람은 질병에 잘 걸리고, 일단 병에 걸리면 잘 낫지 않는다. 반면에 믿음과 신념을 가졌고, 이웃을 사랑하며, 남에게 베풀기를 좋아하는 사람은 병에 잘 걸리지도 않고 걸리더라도 치료하기 쉽다.

– 스티븐 로크(하버드 의대 교수), 하영목의 '오늘'에서)

촌철활인 | 한 치의 혀로 사람을 살린다

믿음, 소망, 사랑은 정신건강뿐만 아니라 육체적 건강을 위해서도 절대적으로 필요한 덕목입니다. 나를 위한 삶보다는 타인과 사회를 향해 베푸는 것이 건강하고 지혜로운 삶이 된다는 자연법칙은 어쩌면 인류와 지구의 영원한 발전을 위한 숨겨진 비결일지 모릅니다.

자신이 올바른 일을 한다고 생각하면

다른 사람과 협조하거나, 냉소를 극복하고 협조를 찾거나, 이기심을 버리고 관대해지는 아주 작고 용감한 행위들은 우리의 뇌를 조용한 기쁨으로 밝혀준다. 내(우리)가 옳은 일을 한다는 느낌이 사람들에게 위대한 느낌을 갖게 한다.

– 그레고리 번스(뇌 전문의)

촌철활인 | 한 치의 혀로 사람을 살린다

사람들은 의미 있고 가치 있는 일에 헌신하고, 더 나은 세상을 열어가는 데 소속감을 갖고 동참할 준비가 되어 있습니다. 위대한 일을 이루기 위해 열정과 도전을 기꺼이 받아들이고, 협조를 통해 이 세상을 더욱 좋은 세상으로 만들도록 프로그램 되어 있는(?) 사람들에게 참여의 불을 지피는 것은 리더의 몫입니다.

공수래 공수거(空手來 空手去)

죽음을 앞두고 '더 일했어야 했는데'라고 말하는 사람은 없다. 그들은 모두 '다른 사람들을 좀 더 배려했더라면…. 더 많이 사랑하고, 더 마음을 썼어야 하는데….'라고 뒤늦게 깨닫고 후회한다.

— 해럴드 쿠시너(랍비)

촌철활인 | 한 치의 혀로 사람을 살린다

사람은 모두 빈손으로 왔다가 빈손으로 갑니다. 공수래空手來 공수거空手去라는 옛말은 '이승에 살 때 너무 욕심 내지 말고 남과 더불어 나누어주며 살아야 된다'는 가르침을 우리에게 주고 있습니다. 생을 마칠 때 다른 것은 다 놓고 가지만, 타인에 대한 사랑과 그들이 우리에게 베푼 사랑만은 가져간다고 합니다. 주위 분들에 대한 더 많은 배려와 사랑을 베풀기 위한 욕심을 내 보면 어떨까요?

저비용 고효율의 감정 투자

나는 모든 투자에 대해 수익률을 분석해 봤다. 그 결과 감정투자가 모든 투자 가운데 비용은 가장 적게 들고 수익률은 가장 높은 투자였다.

– 후지타 덴(일본 맥도날드 전 회장)

촌철활인 | 한 치의 혀로 사람을 살린다

많은 경영자들은 돈이 부족해 헌신을 이끌어내기 힘들다고 하소연합니다. 밥 넬슨이 저술한 '1,001가지 동기부여 방법'에 언급된 내용 중 대다수는 돈과 복리후생보다는 존중과 칭찬, 경청, 배려 등 감정에 관한 부분입니다. 돈 들이지 않고도 열정과 헌신을 이끌어 내는 저비용 고효율의 투자 방법은 노력 여하에 따라 얼마든지 찾을 수 있습니다.

PART 2

성품과 인격 배양

성품이 성공을 결정한다

인격으로 승부하라

이타성과 겸손으로 무장하라

시련과 역경이 사람을 만든다

성품이
성공을 결정한다

성품이 성공을 결정한다

성품 본위는 금 본위제보다 중요하다. 모든 경제시스템의 성공은 적합한 리더와 적합한 사람들에게 달려있다. 최근 분석에 따르면, 국가의 미래는 국가의 품격에 달려있다고 한다. 즉 정신중심적인지 물질중심적인지에 달려있다는 것이다.

– 로저 밥슨(기업가, 경제분석가)

촌철활인 | 한 치의 혀로 사람을 살린다

개인의 성공은 개인의 품성, 회사의 성공은 회사의 품격, 그리고 국가의 성공은 국가의 품격과 관련성이 높습니다. 과거와 다른 새로운 미래를 고민하는 모든 주체들의 고민의 출발점은 품성과 품격에 대한 것에서 시작되어야 합니다. 21세기에는 성품과 매너가 곧 실력입니다.

승자의 강점은 태도에 있다

승자의 강점은 타고난 출생, 높은 지능, 뛰어난 실력에 있지 않다. 승자의 강점은 소질이나 재능이 아닌 오직 태도에 있다. 태도를 보면 그 사람의 성공을 가늠할 수 있는데 이런 태도는 아무리 많은 돈을 주어도 살 수 있는 것이 아니다.

– 데니스 웨이트리(Denis Waitley), ‘The winner's edge'에서

촌철활인 | 한 치의 혀로 사람을 살린다

할 수 있다고 생각하는 것은 태도이며, 실제로 해내는 것은 실력입니다. 성공을 위해서는 태도와 실력이 모두 필요합니다. 그중 하나를 꼽으라면 저는 태도를 꼽습니다. 태도가 좋으면 언젠가는 실력도 좋아질 수 있기 때문입니다.

태도는 나의 미래를 말해주는 예언자

태도는 나의 과거를 보여주는 도서관, 나의 현재를 말해주는 대변인, 나의 미래를 말해주는 예언자, 인생이 우리를 대하는 태도는 내가 인생을 대하는 태도에 달려있다. 태도가 결과를 결정한다.

— 존 맥스웰, '매일 읽는 맥스웰 리더십'에서

촌철활인 | 한 치의 혀로 사람을 살린다

포춘 500대 기업 최고경영자 대상 조사에서 94%는 자신의 성공에 가장 크게 기여한 요소가 태도라고 답했습니다. 태도가 우리를 성공으로 이끌 수도, 망하게 할 수도 있습니다. 미래의 성공을 원한다면 지금 성공을 가져다주는 태도로 갈아타야 합니다.

전문가와 기술자의 차이는 태도에 있다

그 사람이 가진 기술적인 역량 때문에, 고객에게 훌륭하다는 소리를 듣는 전문가는 극히 드물다. 전문가의 반대말은 기술자라 불린다. 전문가는 능력이 아니라 대부분 태도에 달려 있다. 진정한 전문가는 열정을 가진 기술자다. 사람들은 당신이 얼마나 열정이 있는지 알기 전에는 당신이 얼마나 아는지에 관심 없다.

– 데이비드 마이스터(David H. Maister), '신뢰의 기술'에서

촌철활인 | 한 치의 혀로 사람을 살린다

전문가는 존경을 받지만, 기술자라고 다 존경받지는 못합니다. 모든 핵심인재는 재능과 더불어 반드시 열정을 포함한 바람직한 태도를 보유한 사람들입니다. 특히 조직과 일, 목표에 헌신할 수 없는 사람은 더 높은 직위에 올라가는 것을 스스로 거부할 수 있어야 합니다.

60점이면 충분하다

60점의 능력을 갖춘 사람이라면 일을 맡기기에 충분하다. 60% 전망과 확신이 있다면 그 판단은 확실하다고 말할 수 있다. 사람이 예측할 수 있는 것은 기껏해야 60%에 지나지 않는다. 나머지는 그 사람의 열의와 용기, 그리고 실행력에 달려 있다.

– 마쓰시타 고노스케(파나소닉 창립자)

촌철활인 | 한 치의 혀로 사람을 살린다

태도가 올바르고 열정이 넘치는 사람은 재능 습득과 성과 창출이 가능합니다. 그러나 재능은 뛰어나지만 태도가 불량한 사람은 문제아로 전락하기 쉽습니다. 인적자원 관리의 처음이자 가장 중요한 포인트는 채용(확보)입니다. 과락(60점)이 넘는 수준이라면 재능보다는 태도를 우선해서 채용하는 것이 바람직합니다.

직원 채용 시 반드시 체크할 3가지

직원을 채용할 때 반드시 체크하는 3가지 기준은 성실(Integrity: 정직, 윤리, 도덕적 성향), 지능(Intelligence), 에너지(Energy)이다. 이 3가지 중 정직과 성실성이 없이 지능과 에너지만 있는 사람을 채용하면 그 사람은 결국 당신을 죽이고 말 것이다.

― 워렌 버핏

촌철활인 | 한 치의 혀로 사람을 살린다

조직 구성의 핵심 원칙 중 하나는 '1+1이 2보다 더 큰 시너지Synergy 효과를 얻는 것'입니다. 만약 도덕성과 성실성Integrity을 갖추지 못한 사람이 조직에 합류하면 다반사로 1+1이 2보다 작아지는 역(-) 시너지 효과가 발생하게 됩니다. 능력보다 태도를 우선하는 이유가 여기에 있습니다.

채용의 1순위 기준은 됨됨이다

우리는 직원을 채용할 때 기술과 배경, 그리고 교육을 잣대로 삼는다. 그런데 직원을 해고할 때는 거의 '언제나' 그 사람의 됨됨이를 문제 삼는다. 직원 채용에 관한 한 우리는 거꾸로 하고 있다.

– 존 G. 밀러, '아웃스탠딩'에서

촌철활인 | 한 치의 혀로 사람을 살린다

중국 런민전기그룹 정위안바오 사장은 "인품이 제품을 결정하고, 제품이 인품을 드러낸다. 품질이 기업의 운명을 결정한다. 아무리 지식이 많은 사람도 근면한 사람을 이기지 못하고, 아무리 능력이 뛰어난 사람도 인품이 있는 사람을 이기지 못한다."라고 인성의 중요성을 강조합니다. 개인과 마찬가지로 기업도 인격이 있습니다. 회사의 인격은 구성원들 인격의 합으로 구성되어 있습니다. 채용의 1순위 기준을 인성에 두어야 하는 이유입니다.

우리가 원하는 사람은…

당신이 남을 배려할 줄 알고, 다른 사람들을 잘 도와주며, 팀원들과 같이 일하는 것을 좋아하는 적극적인 성격의 사람이라면 당신은 우리가 원하는 사람이다. 그런데 만일 안정적이고, 규율이 엄격하며, 완고하고, 규칙이나 원칙 같은 것을 더 좋아한다면 우리와 어울릴 수 없다. 그렇다고 당신이 나쁜 사람이라는 이야기는 결코 아니다. 하지만 이런 사람하고는 약혼도 해서는 안 된다. 결혼은 더 말할 것도 없다.

– 허브 켈러허(사우스웨스트 항공 전 CEO)

촌철활인 | 한 치의 혀로 사람을 살린다

극단적 느낌은 들지만 조직문화를 가꿔가는 최고경영자의 결연함이 엿보이는 대목이라 하지 않을 수 없습니다. 16,000여 명의 직원들이 공동명의로, 〈회장에 대한 감사의 편지〉를 신문에 광고로 게재한 CEO, 허브 켈러허의 말이라 더욱 의미 있게 다가옵니다.

사람 채용 시 해야 하는 세 가지 질문

아마존 성공의 제1요인은 직원 고용기준을 높이 적용했으며 앞으로도 그렇게 할 것이라는 사실이다. 우리가 채용에 앞서 반드시 스스로에게 묻는 3가지 질문은 다음과 같다.

1. 당신은 이 사람을 존경할 수 있는가?

2. 이 사람을 고용함으로써 팀의 효율성이 향상될 것인가?

3. 이 사람이 회사의 활력, 활기, 사기 진작에 기여할 수 있을 것인가?

믿음을 팔 때 영속한다

1790년 창업한 후쿠시마 현에 있는 한 청주제조업체의 가훈은 다음과 같다. '재산은 셋으로 쪼개서 관리하라' 현대 투자포트폴리오 이론과 유사하다. 그러나 그 내용은 다르다. 재산의 1/3은 부동산, 또 다른 1/3은 주식과 예금에, 마지막으로 가장 중요한 1/3은 '신용'에 투자하라고 가르친다.

– 천광암(동아일보 도쿄 특파원)

촌철활인 | 한 치의 혀로 사람을 살린다

천광암 기자는 일본의 100년 기업 30곳을 탐방한 결과를 다음 한마디로 정리하고 있습니다. "상품과 서비스를 파는 기업은 흥하기도 하고 망하기도 한다. 하지만 믿음을 파는 기업은 영속한다."

신용이 자본보다 중요하다

흔히 사람들은 자본이 없어서 사업을 시작하지 못한다고 말하는데 자본보다는 신용이 훨씬 중요하다. 사업계획이, 그리고 내 과거가 주위로부터 신뢰받을 수만 있다면 그 규모의 대소는 크게 문제되지 않는다. 신뢰가 전부다.

– 정주영(현대 창업회장)

촌철활인 | 한 치의 혀로 사람을 살린다

자기 사업을 꿈꾸는 많은 사람들은 자본을 모으고 사업 아이템을 찾기에 혈안입니다. 그러나 자본과 사업 아이템보다 더 근본적인 것은 주변 사람들로부터 신뢰를 축적하고 함께할 인재를 구하는 작업입니다. 최고자산인 신용자본을 쌓는 것은 장기간이 소요됩니다. 단기적 손해를 감수하면서 장기적 이익을 추구할 수 있는 진짜 욕심쟁이(?)가 많이 나왔으면 하는 바람을 늘 가지고 있습니다.

약속은 적게 하고 일은 많이 한다

고객에게 엄청나게 많은 것을 약속하지만 실제로 그렇게 하지 못하는 기업들이 태반이다. 우리는 정반대로 약속은 조심스럽게 조금만 하고 더 많은 일을 하려고 한다.

– 커트 쿠엔(UPS IR 담당 부사장)

촌철활인 | 한 치의 혀로 사람을 살린다

당장 눈앞의 이익 때문에 많은 것을 약속하는 것은 고객의 불신을 초래하여, 결국 손해로 이어집니다. 고객의 기대수준을 적정수준에서 관리하는 것도 고객만족의 중요한 수단이 됩니다. 꼭 할 수 있는 것만 약속해서 이를 충실히 지키는 것이 신뢰와 믿음의 기반임을 되새겨 봅니다.

소비자는 투표권자다

소비자는 투표자다. 유권자가 좋아하는 후보에게 한 표를 주듯이, 소비자는 자기가 좋아하는 상품에 돈을 던진다.

– 폴 A. 사무엘슨(1970년 노벨경제학상 수상자)

촌철활인 | 한 치의 혀로 사람을 살린다

정치인들은 선거 때마다(ex. 4년 주기) 유권자로부터 심판을 받습니다. 그러나 기업은 매순간 소비자의 선택을 받게 됩니다. 따라서 감언이설로 한번 표를 받고 마는 데 그쳐서는 안 됩니다. 장기적 신뢰관계 구축을 통한 고객의 평생 성공 파트너가 되어야만 투표권자로부터 지속적으로 선택받을 수 있습니다.

신뢰해야 비즈니스가 일어난다

고객이 당신에게 호감을 갖는다면 당신이 하는 말을 들어줄 것이다. 고객이 당신을 신뢰한다면 당신과 비즈니스를 할 것이다.

– 지그 지글러

촌철활인 | 한 치의 혀로 사람을 살린다

문제는 상품이 아니라 고객입니다. 고객을 확보할 수 있는 사람은 어떠한 상품도 판매할 수 있지만 고객을 확보하지 못하는 사람은 아무리 좋은 상품이라도 팔지 못합니다.('물건을 팔지 말고 가치를 팔아라'에서) 사업이란 물건을 만들어 파는 것이 아니라 '수익성 있는 고객을 확보하고, 유지하고 키워나가는 것'에 다름 아닙니다. 이 진리를 마음속으로부터 깨닫는 이는 어떤 사업에서도 성공할 것입니다.

세상에서 제일 큰 자본 - 신뢰

한 나라를 이끌어가기 위해서는 충분한 먹을거리(足食)와 충분한 군사력(足兵), 백성의 신뢰(民信)가 필요하다. 이 세 가지 가운데 하나를 뺀다면 군사력, 둘을 뺀다면 먹을거리다.

– 공자

촌철활인 | 한 치의 혀로 사람을 살린다

어느 책에선가 신뢰를 '상대방을 그대로 따라하면 위험에 처할 가능성이 있다는 것을 알면서도 그 사람을 따라할 수 있는 심리'로 정의한 걸 본 적이 있습니다. 단순히 믿는 차원을 넘어서는 것이 신뢰라는 것입니다. 능력과 인품, 둘 다를 갖추지 않으면 진정한 신뢰를 얻기 어렵다는 것도 미루어 짐작할 수 있습니다.

유능한 판매원은 신뢰를 먼저 쌓는다

유능한 판매원은 가장 먼저 고객과 신뢰를 쌓는다. 그들이 제일 먼저 파는 것은 그들 자신이다. 다음으로 회사를 팔고, 서비스나 제품을 판다. 제일 마지막이 가격이다. 반면, 보통의 판매원은 '가격'을 제일 먼저 흥정한다. 그리고 나서 서비스나 제품에 대해 말하고, 그들 자신에 대해 말한다.

– 해리 하워드, '넥스트 마케팅'에서

촌철활인 | 한 치의 혀로 사람을 살린다

우선 급한 마음에 가격 먼저 제시하는 경우가 많습니다. 또한 고객의 욕구나 구매행위 등을 고려치 않고 내 제품만을 생각하는 잘못을 자주 범합니다. 고객과의 신뢰를 우선 쌓는 것과 같은 장기적 안목과 긴 호흡이야말로 진정으로 승리하는 길이라는 깨달음을 최근에야 얻었습니다.

명성은 꿀벌이다

명성은 꿀벌이다. 꿀벌은 노래하지만 또한 독을 가지고 있다. 그리고 무엇보다도 꿀벌은 쉽게 날아가 버린다.(Fame is a bee. It has a song —It has a sting— Ah, too/it has swing.)

– 에밀리 디킨슨(유명 여류 시인)

촌철활인 | 한 치의 혀로 사람을 살린다

"잘못된 의사결정으로 인해 현금 자산을 잃어버리는 것은 이해할 수 있지만, 기업의 명성을 잃어버린다면 그것은 용서할 수가 없다." 세계 최고의 투자가 워렌 버핏이 명성과 평판, 대중으로부터의 신뢰의 중요성을 강조한 말입니다. 명성관리 혹은 평판관리는 반드시 해야 할 매우 수익성 높은 투자입니다.

명성에 붙들리는 사람이 되어라

명성은 자기 스스로 구해서 얻는 것이 아니라 남이 자연적으로 주는 것이어야 한다. 명성을 찾아서 뛰는 자는 명성을 따라잡지 못한다. 그러나 명성으로부터 도망치는 자는 명성에게 붙들리고 만다.

— 탈무드

촌철활인 | 한 치의 혀로 사람을 살린다

어린이나 어른이나 누구나 남에게 인정을 받고 싶어 합니다. 그러나 인간은 좋아하는 것을 두려워하지 않으면 안 됩니다. 명성도 마찬가지입니다. 명성을 좇는 사람이 아닌, 명성에 붙들리는 사람이 되어야 합니다. (M. 토케이어, '몸을 굽히면 진리를 줍는다'에서)

자식에게 물려줄 최고의 유산

많은 재물을 쌓아 자식에게 물려준들 자식이 반드시 잘 간직할 수 있는 것이 아니다. 많은 책을 쌓아 자식에게 물려준들 자식이 반드시 다 읽을 수 있는 것이 아니다. 차라리 남모르는 음덕을 쌓아 자손을 위한 계책으로 삼아라.

— 명심보감

촌철활인 | 한 치의 혀로 사람을 살린다

캘빈 쿨리지는 "누구든 그가 받은 것으로는 존경받지 못한다. 존경심은 그가 준 것에 대한 보상이다."라고 베풂의 중요성을 갈파했습니다. 자녀사랑과 교육열에 있어 우리와 견줄 민족은 없을 것입니다. 그러나 어떻게 사랑하고, 어떻게 교육시킬 것인지는 더 많은 고민이 필요한 거 같습니다.

덕승재(德勝才)

덕(德)은 사업의 바탕이니 기초가 단단하지 못한 상태에서 그 집이 오래 간 적이 없느니라. 덕성은 재능의 주인이요, 재능은 덕성의 노복이다. 재능이 있어도 덕성이 없으면 주인 없는 집안에 노복들끼리만 살림살이를 하는 것과 같을 것이니 어찌 도깨비가 놀아나지 않으리오.

– 채근담

촌철활인 | 한 치의 혀로 사람을 살린다

덕은 나만의 이익과 요구보다는 남도 같이 생각하면서 공동의 가치를 추구하는 것을 말합니다. 덕은 많은 사람들을 이끕니다. 그리고 많은 사람들을 우리의 협력자로 만듭니다. 미래의 싸움은 나만의 기술과 능력이 아닌 협력자의 질과 양으로 승부가 갈릴 수 있습니다.

덕이 없는 재능은 위험하다

공자 말씀에 의하면 천리마란 그 힘을 일컫는 말이 아니라 그 덕을 일컫는 것이다. 驥(기)란 우수한 말, 즉 천리마를 일컫는다. 물론 그 힘이 강하지만, 사람들에게 귀하게 대접받는 것은 그 강한 힘에 있지 않고 승마훈련을 하면 타기가 쉽고 성질이 온순하기 때문이다.

– 시부사와 에이치, '논어와 주판'에서

촌철활인 | 한 치의 혀로 사람을 살린다

예부터 으뜸 인재로 재주才와 덕德을 갖춘 이를 성인聖人이라 쳤고, 재주와 덕이 없으면 우인愚人이라 이르며, 덕이 재주보다 나으면 군자君子라 했습니다. 재주가 덕보다 나으면 이를 소인小人이라 불렀습니다. 덕이 없는 재능은 때때로 위험합니다. 덕德은 나보다 남을 먼저 생각하고 공동의 이익을 추구하는 것을 말합니다.

일을 잘하는 것이 최고의 처세술이다

난 처세술을 좋아하지 않는다. 그런 테크닉엔 익숙하지도 않다. 적을 만들지 않고 모두의 기분만 맞추다간 정말 필요한 일이 하나도 이뤄지지 않는다. 충돌하는 일이 있더라도, 싫은 소리를 듣는 한이 있어도, 할 일은 해야 한다. 어차피 누군가 해야 할 일이라면 내가 하면 된다.

– 최현만(미래에셋 부회장)

촌철활인 | 한 치의 혀로 사람을 살린다

최현만 부회장은 "부자가 되고 승진도 해야겠다는 욕심이 아닌, 고객의 돈을 최대한 불려 주어야겠다는 오직 일에 대한 욕심을 가지고 매순간 성실하게 일한 것이 오늘의 자신을 만들었다."라고 말합니다. 인간관계는 노력하면 몸에 배는 일종의 기술입니다. 그러나 그 근본이 되는 가치와 원칙을 지켜나가는 것이 보다 중요합니다.

빨리 가는 것이 아니라
멀리 가는 것이 중요하다

빨리 가는 것이 아니라, 멀리 가는 것이 중요하다. 일찍 성공하게 되면 자만하게 되고, 세상살이의 어려움을 알기 전에 자만부터 배우게 된다. 그래서 만용을 부리다 실패하게 된다. 인생은 좀 더 멀리 보고 갈 일이다. 진정한 승자는 관 뚜껑을 닫기 직전에야 결정된다. 조금 빠르다고 자만하지 말고, 조금 늦다고 불평하지 말아야 한다.

— 이상민, '365 한줄고전'에서

촌철활인 | 한 치의 혀로 사람을 살린다

'소년등과에 패가망신'이라는 옛말이 있습니다. 맹자는 '진예자 기퇴속進銳者 其退速. 즉 나아가는 것이 빠른 자는 그 물러남도 빠르다.'고 빨리 감을 경계했습니다. '빨리 가려면 혼자 가고 멀리 가려면 함께 가라'는 아프리카 속담도 의미 깊게 다가옵니다.

내가 핵심인재인지
스스로 판단해 보는 법

올바른 인재는 관리할 필요가 없다. 철저히 관리해야겠다 싶은 대상이 있는가? 그렇다면 그 사람은 잘못 뽑은 것이다. 올바른 인재는 일을 갖고 있다고 생각하지 않는다. 그들은 책임을 갖고 있다고 생각한다. 호황기엔 공을 자신에게 돌리고 불황기엔 외부 요인을 탓하는 사람은 지도자가 될 자격이 없다.

— 짐 콜린스(미국 경영 컨설턴트)

촌철활인 | 한 치의 혀로 사람을 살린다

어느 회사나 핵심인재는 소수에 불과합니다. 반면 자신이 핵심인재라고 생각하는 사람들은 넘쳐납니다. 일반적으로 사람들은 자신을 과대평가하는 경향이 있기 때문입니다. 스스로 핵심인재라고 생각하는 사람은 최소한 다음과 같이 말할 수 있어야 합니다. "상사가 나를 전혀 관리할 필요가 없다. 나는 늘 스스로 동기부여되기 때문에 나를 동기부여 시키기 위한 어떠한 노력도 필요 없다."

인생의 세 가지 불행

소년 시절 과거 급제하고, 부모형제 권세가 대단하고, 재주와 문장이 뛰어난 것, 이것이 인생의 세 가지 불행이다.

– 정이(송나라 학자)

모두가 바라는 것들이 인생에 독이 되고 병이 될 수도 있습니다. 조건이 행복을 결정하게 놔둬서는 안 됩니다. 행복은 결과가 아닌 과정 속에서 찾아야 합니다. 의미 있는 목적을 향해 한 발 한발 나가는 데서, 어제보다 발전한 나의 모습에서 진정한 행복을 찾을 수 있습니다.

오만은 성공의 운을 끊어버린다

오만은 성공의 운을 끊어버린다. 내가 제일 잘났다고 생각해 남의 말을 듣지 않으니 실수를 고칠 수 없다. 더 좋은 해결책이 있어도 받아들일 여지가 사라진다. 그러다 보면 사람들도 내 주위에서 멀어지고, 성공과 행복 모두 잃어버리게 된다. 매일매일 경계하고 뽑아버리지 않으면 잡초처럼 무성해지는 것이 교만이다.

– 이종찬(JC인터내셔널 사장)

"벼는 익일수록 고개를 숙인다." 어렸을 때부터 귀에 박히도록 들어온 경구입니다. 그런데도 잘되지 않습니다. 공자는 "가난하면서도 원망이 없기는 어렵고, 부유하면서 교만이 없기도 어렵다."라고 했습니다. "복은 근심하고 조심할 때 오고, 화는 기고만장하고 자만할 때 온다."라는 중국 속담을 되새기며 다시 한 번 교만을 경계해 봅니다.

이 세상에서 가장 현명한 사람은?

이 세상에서 가장 현명한 사람이 누구냐, 모든 사람한테서 배우는 사람이다. 이 세상에서 가장 강한 사람이 누구냐, 자기가 자기와 싸워 이기는 사람이다. 이 세상에서 가장 부유한 사람이 누구냐, 자기가 가진 것으로 만족하는 사람이다.

– 유대인의 명언

촌철활인 | 한 치의 혀로 사람을 살린다

탈무드에 있는 지혜에서 많은 것을 배웁니다. 탈무드에는 이 외에 "모든 이들로부터 사랑을 받는 사람은 누구냐, 남을 칭찬할 줄 아는 사람이다."라는 내용도 있습니다.

이기기 좋아하는 자는 지게 마련이다

이기기 좋아하는 자는 반드시 지게 마련이다. 건강을 과신하는 자가 병에 잘 걸린다. 이익을 구하려는 자는 해악이 많다. 명예를 탐하는 자는 비방이 뒤따른다.

– 신함광, '형원진어'에서

촌철활인 | 한 치의 혀로 사람을 살린다

정민 교수 저서 '일침'에 나오는 조선시대 문인 성대중의 글을 함께 살펴보세요. '이름은 뒷날을 기다리고, 이익은 남에게 미룬다. 세상을 살아감은 나그네처럼, 벼슬에 있는 것은 손님 같이.'

군자도 미워하는 게 있다

"군자도 미워하는 게 있는가?"라고 자공이 묻자, 공자가 답했다. "미워함이 있다. 다른 사람의 좋지 않은 점을 떠들고 다니는 사람, 윗사람을 헐뜯는 아랫사람, 용감하지만 예의, 염치가 없는 사람, 자기주장은 적극 펴면서도 고집스러워 다른 사람의 말은 듣지 않는 사람을 미워한다."

– 공자, '논어'에서

촌철활인 | 한 치의 혀로 사람을 살린다

논어에 나오는 군자와 소인배의 차이를 함께 보내드립니다. "군자는 두루 통하면서 패거리를 짓지 않지만, 소인은 패거리를 만들고 두루 통하지는 않는다. 군자는 의로움에 밝고 소인은 이익에 밝다. 군자는 다른 사람의 일이 잘되도록 도와주고 나쁜 일은 막는다. 소인은 그 반대로 한다."

세 사람이 길을 가면
반드시 나의 스승이 있다

어떤 사람이든 장점이 있고 타인보다 뛰어난 점이 있다. 따라서 그것만 배우면 된다. 상대를 경시하는 순간 상대를 통해 배우고 성장할 기회를 스스로 놓친다. 이 일로 가장 손해를 보는 것은 자기 자신이다.

– 빌 하비트(KPMG 이사)

촌철활인 | 한 치의 혀로 사람을 살린다

스스로를 우수하다고 생각하는 사람일수록 상사를 포함한 타인을 우습게 보는 경향이 있다. 그러나 그런 사람들이 출세는커녕 회사에서 해고 통고를 많이 받는다. 상사를 얕잡아 보는 자세 탓에 스스로 배우고 성장할 기회를 포기했기 때문이다.(하무구치 나오타, '위대한 조언'에서) '삼인행三人行 필유아사必有我師(세 사람이 길을 가면 반드시 나의 스승이 있다)'를 주장한 2,500년 전 공자처럼, 21세기 세계적 석학들도 가장 중요한 덕목으로 지적 겸손Intellectual humility을 꼽았음을 눈여겨보아야 합니다.

인격으로
승부하라

천재는 찬사의 대상,
인격은 신봉의 대상

천재성은 감탄을 불러일으키지만 인격은 존경을 불러일으킨다. 천재는 찬사의 대상이지만 인격자는 신봉의 대상이 된다. 하지만 천재성조차도 인격의 동력으로 추동되지 않으면 오히려 삶의 걸림돌이 될 수 있다. 결국 인격이야말로 우리 인생의 가장 고결한 재산이다. 따라서 최고의 인생을 위해서는 내면의 양심에 귀 기울이고 인격을 수양해야 한다.

— 정진홍, '인문의 숲에서 경영을 만나다 2'에서

촌철활인 | 한 치의 혀로 사람을 살린다

인격은 재산보다 강하고, 명성을 탐하지 않아도 명예를 가져다주며, 언제 어디서든 영향력을 발휘합니다. 참된 인격은 처음부터 가지고 태어나는 것이 아니라 살아가면서 스스로 닦는 것입니다. 훌륭한 인격을 갖추기 위해서는 끊임없이 훈련하면서 견뎌내고 이겨내야 합니다. 인격을 가꾸는 일은 평생 해야 할 숙제이지만 그만한 투자가치가 충분히 있습니다.

고결한 인격을 지닌 소수가
영원히 성공한다

많은 사람들이 지식을 가지고 잠시 성공한다. 몇몇 사람들이 행동을 가지고 조금 더 오래 성공한다. 소수의 사람들이 인격을 가지고 영원히 성공한다.

— 존 맥스웰, '위대한 영향력'에서

촌철활인 | 한 치의 혀로 사람을 살린다

칭찬, 경청, 존중 등 인간관계 기술은 훈련으로 습득이 가능합니다. 그러나 아무리 뛰어난 인간관계 기술을 사용하더라도 진실성, 정직, 도덕성 등 인격과 성품이 받쳐주지 않는 사람, 겉과 속이 다른 표리부동한 사람은 언젠가는 실패하고 맙니다. 다행스럽게도 인격과 성품도 훈련을 통해 고양이 가능합니다.

인격자가 부자가 된다

부의 축적과 인격 발달 사이에는 자연스러운 연대가 존재한다. 경제적인 성공은 도덕적인 기초 —법의 지배, 신념, 절제, 약속, 저축, 성실, 직업윤리— 위에 성립된다.

— 잭 켐프

천재 작가 호프만 스탈은 "사람들의 교제에서 예절을 깍듯이 지키는 사람은 이자로 살아갈 수 있으나, 그것을 무시하는 사람은 원금에 손을 대게 된다."라는 멋진 말을 남겼습니다. '예의의 시작은 자세를 바르게 하고, 얼굴빛을 반듯이 하며, 말을 삼가는 데 있다'는 내용도 함께 살펴보세요.

인성을 갖춘 다음에야
비로소 공부할 수 있다

젊은이들은 집에 들어가면 부모에게 효도하고, 밖에 나가선 어른을 공경하며, 말을 삼가되 미덥게 하고, 널리 사람을 사랑하며, 어진 사람을 가까이 해야 한다. 이런 일을 실천하고 남는 힘이 있으면 비로소 문헌을 배워야 한다.

– 공자, '논어 학이'에서

촌철활인 | 한 치의 혀로 사람을 살린다 ●

"어른 말을 잘 듣는 아이는 없다. 하지만 어른이 하는 대로 따라하지 않는 아이도 없다." 사회심리학자 제임스 볼드윈 교수의 주장입니다. 자녀, 직원, 후학을 위한 인성교육은 솔선수범이 해답입니다.

군자는 섬기기는 쉬워도 기쁘게 하기는 어렵다

군자는 섬기기는 쉬워도 기쁘게 하기는 어렵다. 그를 기쁘게 하려할 때 올바른 도리로써 하지 않으면 기뻐하지 않는다. 그러나 군자가 사람을 부릴 때에는 그 사람의 역량에 따라 일을 맡긴다. 소인은 섬기기는 어려워도 기쁘게 하기는 쉽다. 그를 기쁘게 하려 할 때는 올바른 도리로써 하지 않더라도 기뻐한다. 그러나 소인이 사람을 부릴 경우에는 능력을 다 갖추고 있기를 요구한다.

– 공자

촌철활인 | 한 치의 혀로 사람을 살린다

군자는 신념을 갖고 있고, 부정이나 아첨을 물리치며, 뇌물을 준다고 기뻐하지 않습니다. 모든 일이 도리에 어긋나면 만족하지 않습니다. 소인은 그 반대입니다. 하는 일이 도리에 어긋나더라도 아첨하고 선물을 주면 쉽게 기쁘게 할 수 있습니다. 하지만 사람을 사랑하는 마음이 없고, 사리사욕밖에 없기에 섬기는 일은 어렵습니다. (시부사와 에이치, '논어와 주판'에서)

군자는 의로움에 밝고 소인은 이익에 밝다

거래를 할 때 돈만 바라보는 것은 절대 금물이다. 나의 모든 관심이 돈 버는 것에 집중되어 있다는 것을 눈치 채는 순간, 상대는 거래의 진정성을 의심한다. 일단 의심이 생기면 서로 간에 적대적인 분위기가 생긴다. 적대적인 분위기에서는 그 어떤 거래도 성사되기 어렵다. 상대가 고객이든 직원이든 마찬가지이다.

– 메리케이 애쉬(메리케이 애쉬 화장품 창업회장)

촌철활인 | 한 치의 혀로 사람을 살린다

논어에 "군자는 의로움에 밝고 소인은 이익에 밝다."라는 구절이 있습니다. 다른 사람의 이익을 먼저 생각하면 오히려 풍성한 인맥을 얻고 결국 이익의 중심에 서게 됩니다. 하지만 사사건건 손해를 보지 않으려고 애쓰며 자기 이익을 먼저 챙기면 결국 사람과 돈을 다 잃는 지경에 이르게 됩니다.(후웨이홍·왕따하이, '노자처럼 이끌고 공자처럼 행하라'에서)

어리석은 사람도
남의 잘못을 찾는 눈은 정확하다

비록 어리석은 사람이라도, 남을 꾸짖는 마음은 명확하다. 비록 총명한 사람이라도, 자신을 용서하는 데 있어서는 어둡고 혼미하다. 남을 꾸짖는 그 명확한 마음으로 나를 꾸짖어라. 나를 용서하는 그 관대한 마음으로 남을 용서하라! 그러면 성인의 경지에 이르게 됨이 명확할 것이다.

– 명심보감

촌철활인 | 한 치의 혀로 사람을 살린다

아무리 어리석은 사람이라도 남의 잘못을 찾는 눈은 정확하다고 합니다. 자신의 잘못이나 결점에 대해서는 늘 관대하고 남의 잘못은 정확하게 집어낸다는 것입니다. 남을 꾸짖는 엄격한 마음(책인지심: 責人之心)과 자신의 잘못에 대하여 관대하게 용서하는 마음(서기지심: 恕己之心)이 서로 자리를 바꾸어 발휘될 때 세상은 더욱 아름다워질 것입니다. (박재희, '3분 고전'에서)

인간은 무엇을 위해 살아가나?

눈으로 남을 볼 줄 아는 사람은 훌륭한 사람이다. 그러나 귀로 남의 이야기를 들을 줄 알고 머리로는 남의 행복에 대하여 생각할 줄 아는 사람은 더욱 훌륭한 사람이다.

– 유일한(유한양행 설립자)

촌철활인 | 한 치의 혀로 사람을 살린다

"선생님 인간은 무엇을 위해 살아가는 걸까요?"라는 제자의 질문에 대해 아인슈타인 박사는 다음과 같이 말했습니다. "당연하지 않느냐 타인을 위해서다. 하루에도 백 번씩 나는 나의 삶이, 살아있는 혹은 죽은 사람의 노고에 의존하고 있다는 것을 되새긴다. 그리고 받은 것만큼 되돌려 주기 위해 얼마나 많이 노력해야만 하는가를 스스로 일깨운다."

누가 가장 행복한 사람인가?

행복이란 전적으로 마음에 달려있다. 누가 가장 행복한 사람인가? 남의 장점을 존중해주고, 남의 기쁨을 자기의 것인 양 기뻐하는 사람이다. 남을 기쁘게 하고 그것에서 기쁨을 찾는 자는 행복하다.

– 괴테

일반적으로 행복은 자기가 가진 것에 대한 주관적 만족도로 측정됩니다. 만약 내가 아닌 남이 가진 것을 더 즐거워할 줄 아는 경지에 이른다면 행복은 떼놓은 당상(?)이 아닐까 싶습니다. 괴테는 이외에 행복한 사람으로 '즐겁게 일하고 자신이 해놓은 일을 기뻐하는 사람' '왕이든 농부든 자신의 가정에서 평화를 발견한 사람'을 들고 있습니다.

가장 어려운 일과 가장 쉬운 일

어려운 일과 쉬운 일을 물었을 때 그리스 천문학자 탈레스는 이렇게 대답했다. "자신을 아는 일이 가장 어렵고 다른 사람에게 충고하는 일이 가장 쉽다."

– 디오게네스(그리스 철학자)

촌철활인 | 한 치의 혀로 사람을 살린다

일찍이 노자는 "누군가를 정복할 수 있는 사람은 강한 사람이지만, 자신을 정복할 수 있는 사람은 위대한 사람이다."라고 말했습니다. 자동차 왕 헨리 포드 또한 "성공의 유일한 비결은 다른 사람의 생각을 이해하고, 자신의 입장과 상대방의 입장에서 동시에 사물을 바라볼 줄 아는 능력이다."라고 지적했습니다. 자신을 제대로 알기, 타인에게 충고하기, 둘 다 신중에 신중을 기해야 할 일입니다.

대인춘풍 지기추상(待人春風 持己秋霜)

나는 '대인춘풍 지기추상(待人春風 持己秋霜)'이라는 나의 좌우명을 항상 마음에 품고 살아간다. '남을 대할 때는 봄바람처럼, 자신을 대할 때는 가을 서리처럼' 하자는 다짐을 실천하고자 노력하는 것이다.

– 신영복(전 성공회대 교수)

촌철활인 | 한 치의 혀로 사람을 살린다

공자께서도 군자는 제 잘못을 생각하고 소인은 남을 탓한다고 말씀하셨습니다. 타인에 대한 잣대보다 자기 자신에 대한 잣대를 보다 엄격하게 적용할 때 바람직한 영향력, 즉 리더십은 자연스럽게 따라옵니다.

남을 비판하기 전에
체크해야 할 5가지

남의 죄를 자주 드러내지 말라. 만약 부득이 하게 남의 허물을 드러내고자 한다면, 때를 놓치지 말고 제때에 해야 하며, 거짓이 아닌 진실로 해야 하고, 이로움을 주기 위해서 해야 하며, 부드럽게 해야 하고, 인자한 마음으로 해야 한다.

– 석가모니

촌철활인 | 한 치의 혀로 사람을 살린다

"무릇 자기가 베푼 것은 말도 하지 말고, 덕을 주었다는 표정도 짓지 말며, 사람에게 이야기도 하지 말 것이다. 전임자의 허물도 말하지 말 것이다."라고 말씀하신 다산 정약용 선생의 가르침도 함께 새겨봅니다.

완벽한 사람보다
빈틈 있는 사람이 더 좋아

삶에서 참으로 소중한 것이 무엇인지 알게 되면 완벽함이 아니라 인간적인 것을 추구하게 된다. 이란에서는 아름다운 문양으로 섬세하게 짠 카펫에 의도적으로 흠을 하나 남겨 놓는다. 그것을 '페르시아의 흠'이라 부른다. 인디언들은 구슬 목걸이를 만들 때 살짝 깨진 구슬을 하나 꿰어 넣는다. 그것을 '영혼의 구슬'이라 부른다.

— 레이첼 나오미 레멘, '할아버지의 기도'에서

촌철활인 | 한 치의 혀로 사람을 살린다

미국 심리학자 캐시 애론슨은 "사람들은 완벽한 사람보다 약간 빈틈 있는 사람을 더 좋아한다."라는 연구 결과를 발표한 적이 있습니다. 실수나 허점이 오히려 매력을 더 증진시킨다는 것입니다. 이를 '실수효과'라 합니다. (장정빈, '사장처럼'에서)

부드러운 것이 강한 것이다

사람이 태어날 때는 부드럽고 약하지만 죽으면 굳고 강해진다. 초목도 살아있을 때는 부드럽고 약하지만 죽으면 말라서 부서지기 쉽다. 고로 강한 것은 죽음으로 가는 것이고, 부드럽고 약한 것은 삶으로 가는 것이다. 그런 까닭에 군대가 지나치게 강하면 이기지 못하고, 나무도 강하면 부러지니 강대한 것은 아래에 있고 부드럽고 연한 것은 위에 있는 것이다.

– 노자, '도덕경' 76장

촌철활인 | 한 치의 혀로 사람을 살린다

단단하면 깨지기 쉽습니다. 한없이 부드럽지만 강한 것으로 물을 들 수 있습니다. 물은 한결같이 위에서부터 아래로 향하며, 장애물에 스스로 굽히고 적응함으로써 또한 부드럽고 약하기에 쉽게 모여 큰 물줄기를 만들고 줄기차게 흘러 드디어 큰 바다를 이루게 됩니다.

작은 이득을 꾀하면 큰일을 이루지 못한다

조급하게 서두르지 말라. 그리고 작은 이익을 탐내지 말라. 급히 서두르면 통달하지 못하고, 작은 이득을 얻으려 하면 큰일을 이루지 못한다.(見小利則 大事不成)

— 공자, '논어'에서

장기적인 큰 꿈을 꾸고 있는 진짜 욕심쟁이(?)는 단기적인 작은 이익은 과감히 포기할 줄 압니다. 사업은 단거리 경주가 아닌 마라톤입니다. 멀리보고 조금씩 조금씩 뛰어간다는 생각으로 임해야 정도와 원칙중심경영이 가능하고 그 결과 신뢰받는 기업을 만들 수 있습니다.

너무 빨리 이루려 하지 마라

너무 빨리 무엇을 이루려 하지 마라. 조그만 이익에 너무 연연하지 마라. 무리하게 빨리 무엇인가를 이루려 하면 목표에 도달하지 못할 것이다. 조그만 이익에 연연하면 큰일을 이루지 못할 것이다.(無慾速 欲速則不達 見小利 則 大事不成)

— 공자

촌철활인 | 한 치의 혀로 사람을 살린다

마음이 급하게 되면 무리한 목표 수립, 원칙과 기본 무시가 뒤따를 가능성이 높습니다. 이 경우 목표 달성이 된다 하더라도 사상누각에 불과해 곧 무너지게 되어 있습니다. 빨리하고자 하면 원하는 목표에 도달하지 못한다는 욕속부달欲速不達의 지혜를 새겨봅니다.

나를 알아주지 않는다고
근심하지 마라

평생에 남의 눈 찡그릴 만한 일 하지 말고 살아라. 세상에는 나를 향해 이를 가는 사람이 없을 것이다. 당신의 이름을 어찌 그 큰 돌에 크게 새기려 하는가? 길 가는 행인의 입에 당신의 이름을 새기는 것이 돌에다 새기는 것보다 훨씬 오래갈 것이다.

— 명심보감 격양시

촌철활인 | 한 치의 혀로 사람을 살린다

'사람들의 입에 칭찬과 존경의 이름이 오르내리는 것이 돌에 새겨 넣은 명성보다 훨씬 더 의미가 있다(구승비 口勝碑)'는 뜻입니다. "나를 알아주지 않는다고 근심하지 마라. 내가 알아줄 만한 사람이 되기를 먼저 구하라."라는 공자 말씀대로 남의 평가에 일희일비하지 않고 올바른 길을 묵묵히 걸어간다면 돌에 새긴 것보다 더 오래 이름을 남길 수 있지 않을까 생각해봅니다.

꿈은 높은 사람과, 분수는 낮은 사람과 비교하라

남을 원망하지 말고, 자신에게 나쁜 점이 없도록 하라. 뜻과 행동은 위와 비교하고, 분수와 복은 아래와 견주라.

— 이식, '택당집(澤堂集)'에서

촌철활인 | 한 치의 혀로 사람을 살린다

남과 비교하는 삶보다는 자기만의 중심을 굳건히 세우는 것이 건강한 삶의 조건이 됩니다. 굳이 남과 비교하려면 돈, 건강, 나이 등은 나보다 낮은(조건이 나쁜) 사람들과 비교하고 반대로 포부와 꿈은 나보다 큰 꿈, 큰 뜻을 가지고 사는 사람들과 비교하는 것이 좋습니다.

날카로운 칼보다 무서운 것

말은 생각한 다음에 하고, 사람들이 듣기 싫어하기 전에 그만두어야 한다. 인간이 언어를 가지고 있기 때문에 다른 동물보다 특별하지만 그 언어 때문에 커다란 손해를 본다.

– 톨스토이

촌철활인 | 한 치의 혀로 사람을 살린다

날카로운 칼로 벤 상처는 그래도 꿰매어 낫게 할 수 있지만, 악한 말로 남을 상처 나게 한 것은 그 한이 사라지지 않습니다.(석시현문) 말이란 마치 날이 시퍼렇게 선 칼 같은 것이므로 자기를 다치게 하는 일이 많다는 것을 잊어서는 안 됩니다. 당나귀는 긴 귀를 보고 알 수 있고 어리석은 사람은 긴 혀를 보고 알 수 있습니다.(탈무드)

우리는 자신은 의도로, 남은 행동으로 판단한다

대부분의 사람이 자신을 판단할 때와 남을 판단할 때, 완전히 다른 이중 잣대를 적용한다. 남을 판단할 때는 그의 '행동'을 기준으로 삼으며, 그 기준은 가혹하기 이를 데 없다. 반면에 자신을 판단할 때는 '의도'를 기준으로 삼는다. 우리가 잘못을 범하더라도, 우리 의도가 훌륭했다면 쉽게 용서한다. 따라서 우리는 변화를 요구 받을 때까지 실수와 용서를 반복한다.

— 존 맥스웰, '리더십 골드'에서

촌철활인 | 한 치의 혀로 사람을 살린다

공자는 "소인은 늘 남을 탓하고 군자는 제 잘못을 먼저 생각한다."라고 했습니다. 남을 대할 때는 봄바람처럼, 자신을 대할 때는 가을 서리처럼 하자는 '대인춘풍待人春風 지기추상持己秋霜'을 다시 새겨봅니다.

남의 험담을 하지 마라

남을 헐뜯는 소문을 내는 건 살인보다 위험하다. 살인은 한 사람만 죽이지만 중상모략은 퍼뜨리는 사람, 듣는 사람, 그 화제가 되고 있는 사람, 세 사람을 죽이기 때문이다. 나쁜 소문을 내는 사람은 무기를 사용해 사람을 해치는 것보다 죄가 무겁다. 나쁜 소문은 멀리서도 사람을 해칠 수 있기 때문이다.

— 탈무드

촌철활인 | 한 치의 혀로 사람을 살린다

그것이 좋지 않다는 교육을 받아왔음에도 불구하고 나쁜 소문을 퍼트리는 것을 멈추지 못하고 있는 것이 우리의 현실입니다. 악마의 유혹 같은 달콤한 험담의 유혹을 경계하는 의미에서 벤자민 프랭클린의 이야기를 함께 보내드립니다. "성공의 비결은 남의 험담을 결코 하지 않고 장점을 들춰내는 데 있다."

타인에게 손가락질할 때

타인에게 손가락질할 때 나머지 세 손가락은 자신에게 향한다. 검지는 상대를 가리키지만 중지, 약지, 새끼손가락은 자신을 가리킨다. 나머지 엄지손가락은 하늘을 가리키며 신의 심판을 청구하고 있다. 이것은 질책이 1이라면 자책은 그보다 3배나 중요하다는 뜻이다.

– 아타라시 마사미, '리더십 키우는 법'에서

촌철활인 | 한 치의 혀로 사람을 살린다

뛰어난 리더는 질책이 아닌, 자책에 익숙한 사람입니다. 질책이란 어떤 일이 제대로 진행되지 않을 때 조건 반사적으로 다른 사람 탓으로 돌리는 경향을 말하는 반면, 자책은 어떤 일이 잘 풀리지 않을 때 다른 사람을 비난하거나 비판하기 전에 먼저 자신의 문제로 받아들인 다음, 그 문제 해결을 위해 고민하는 것을 말합니다.

양보와 희생이 전성기를 만든다

절정기 사회는 아주 작은 단서에서 출발한다. 구성원 사이에 양보와 희생의 분위기가 확산될 때 절정기가 시작된다. 가장 중요하고 필요한 것을 희생하고 양보할 때 상대방은 감동하게 마련이고, 이 감동이 다시 그의 양보와 희생을 유도하는 결과를 가져온다. 이렇게 양보와 희생은 어느 누군가 시작하면 꼬리에 꼬리를 물고 확대 재생산된다. 이것이 바로 절정기 사회가 시작되는 메커니즘이다.

– 문용린(서울대 교수), '대한민국 국격을 생각한다'에서

촌철활인 | 한 치의 혀로 사람을 살린다

하버드대 하워드 가드너 교수는 한 사회나 민족의 역사에서 '사회발전의 계기가 일어나고 활성화되는 시기의 사회를 절정기 사회The peak society'라 명명했습니다. 절정기 사회의 대표적 특징은 개인과 가문, 지역공동체들이 더 큰 공동체를 위해 헌신하고 희생하는 분위기가 고조된다는 점입니다. 좋은 일을 하려고 자신의 손해를 감수하는 작은 영웅들이 많아질 때 사회는 절정기를 향해 달려가기 시작합니다.

정직하게 행동할 때마다
조금씩 성공이 다가온다

우리가 정직하게 행동할 때마다 보이지 않는 손이 우리를 커다란 성공으로 이끈다. 하지만 우리가 악의 없는 거짓말을 하더라도 강력한 요인이 우리를 실패로 내몬다.

– 조셉 슈거맨(작가, 기업 CEO)

촌철활인 | 한 치의 혀로 사람을 살린다

인격이 제대로 갖춰지지 않아 겉과 속이 다르면 제아무리 뛰어난 인간관계 기술을 사용하더라도 모든 일이 속임수로 보일 뿐입니다. 진실성이 없다면 아무리 말을 잘하거나 의도가 좋아도 믿어주지 않습니다. 신뢰를 받지 못하면 언젠가는 실패하게 됩니다. 오직 순수한 도덕성만이 인간관계 기술에 생명을 부여합니다.

항상 진실을 이야기하라

사람들에게 진실을 말하라. 그 이유는 첫째, 그렇게 하는 일이 옳은 일이기 때문이고, 둘째, 결국 사람들이 언젠가는 진실을 알게 되기 때문이다. 지금 당장이든 아니면 오랜 시간이 지난 후든 부정직함은 드러나게 마련이며, 아무리 감추려 해도 소용이 없다

– 폴 갤빈(모토로라 전 CEO)

촌철활인 | 한 치의 혀로 사람을 살린다

뭔가 일이 터졌을 때 무의식적으로 감추려고 하는 사람들이 많습니다. 그러나 속이는 사람들은 나약한 사람들입니다. 사람들은 그런 부정직한 리더를 따르지 않습니다. 정직과 성실성은 장기적으로 성공을 가져오는 가장 확실한 방법입니다. "당신의 직원들과 고객, 대중, 그리고 당신 자신에게 늘 솔직하라. 그러면 장기적인 성공을 거두게 될 것이다."라는 존슨앤존슨의 전 CEO 제임스 버크의 말을 되새겨 봅니다.

나 스스로에게 책임을 돌리는 자세

사람을 사랑하되 그가 나를 사랑하지 않거든 나의 사랑에 부족함이 없는가를 살펴보라. 사람을 다스리되 그가 다스림을 받지 않거든 나의 지도에 잘못이 없는가를 살펴보라. 행하여 얻음이 없으면 모든 것에 나 자신을 반성하라. 내가 올바를진대 천하는 모두 나에게 돌아온다.

— 맹자

촌철활인 | 한 치의 혀로 사람을 살린다

무언가 잘못되었을 때 남 탓을 하게 되면 상대는 책임회피에 급급하게 됩니다. 둘 사이의 감정의 골은 더 깊어집니다. 문제는 해결되지 않고 결과는 더 나빠집니다. 그러나 신기하게도 모든 책임을 나에게 돌리면 차분해지고 마음의 평화가 찾아옵니다. 상대도 책임을 인정하고 조기에 개선하기 위해 노력합니다. 그들과의 관계도 좋아집니다. 그들도 나를 신뢰하고 따르게 됩니다.

사람들은
기꺼이 책임지는 사람을 좋아한다

궁수는 화살이 빗나가면 자신을 돌아보고 자기 안에서 문제를 찾는다. 화살을 명중시키지 못한 것은 결코 과녁 탓이 아니다. 제대로 맞히고 싶으면 실력을 쌓아야 한다.

— 길버트 알랜드

촌철활인 | 한 치의 혀로 사람을 살린다

일이 잘 안 되었을 때 많은 사람들이 환경이나 남 탓을 합니다. 그러나 몇몇은 자기 자신에게 책임을 돌립니다. 후자가 더욱 성장할 수 있는 사람이고, 후자가 리더의 자격을 갖춘 사람입니다. 사람들은 기꺼이 책임지는 사람을 따르기 마련입니다.

권한과 책임 그리고 지위의 상관관계

부하의 잘못을 자신의 책임으로 돌리는 사람은 훌륭한 지도자이다. 어리석은 지도자는 자신의 잘못까지도 부하의 책임으로 돌린다.

– 주세페 마치니(Giuseppe Mazzini, 이탈리아 정치인)

촌철활인 | 한 치의 혀로 사람을 살린다

내가 책임지겠다고 나서면 사람들의 경계심은 눈 녹듯이 사라집니다. 그에 비례해 바람직한 영향력은 커지게 됩니다. 지위가 올라갈수록 책임은 커지고 권한은 작아진다는 것을 익히 알고 몸으로 실천하는 리더가 진정 위대한 리더입니다. 리더십에 있어 책임감과 솔선수범만큼 중요한 것도 흔치 않습니다.

권한위양과 책임불변의 법칙

사장은 사업부장에게 권한을 부여하고, 사업부장 역시 아랫사람에게 권한을 부여한다면, 사장이나 사업부장에게는 남는 것이 아무것도 없지 않겠느냐 하는 의문이 생기겠지만 결코 그렇지 않다. 책임은 모두 남는 것이다. 권한을 모두 아랫사람에게 부여했어도 책임은 100% 윗사람에게 남는다는 것이 나의 변함없는 주장이다.

– 도코 도시오(일본 전 경단련 회장)

촌철활인 | 한 치의 혀로 사람을 살린다

권한 위임을 하더라도 성과에 대한 책임까지 완전히 넘길 수는 없습니다. 소위 책임불변責任不變의 원칙입니다. 반면 아랫사람은 위임받은 권한을 완전히 행사해야 합니다. 윗사람의 권한 위임에 대해 아랫사람은 책임 완수로 보답해야 합니다. 주어진 권한을 충분히 사용하는 것이 바로 아랫사람의 책임입니다.

"제가 잘못했습니다."라는 한마디 말의 위력

"제가 잘못했어요."라는 한마디는 긍정적인 사람들의 말이다. 이 말은 불편한 인간관계로부터 오는 고통을 사라지게 하고, 협상을 진행시키며, 논쟁을 끝내고, 치유를 시작하고, 심지어 적을 친구로 바꾸는 일을 할 수 있다.

– 리치 디보스(암웨이 창업회장)

촌철활인 | 한 치의 혀로 사람을 살린다

자신의 잘못을 인정하고, 그것을 입 밖에 내는 일은 매우 어렵습니다. 자신의 권위와 신뢰, 자존심에 상처를 입는다고 생각하기 때문입니다. 그러나 "제가 잘못했어요."라는 말이 가져다주는 보상은 매우 큽니다. 건강한 인간관계, 긍정적 시각, 정신적, 육체적 치유효과가 바로 그것입니다. '잘못했다'는 말은 처음에는 어렵지만 할수록 점점 더 쉬워집니다.

자신의 잘못을 인정하라

    과오에 대해 솔직하게 시인하면 서로를 자각으로 이끈다. 과오는 사람들을 결합시키는 힘이 된다. 자기 과오를 인정하는 것처럼 마음이 가벼워지는 일은 없다. 그에 비해 자기가 옳다는 것을 인정받으려고 안달하는 것처럼 마음 무거운 일도 없다.

– 샤토 브리앙(프랑스 귀족, 작가)

촌철활인 | 한 치의 혀로 사람을 살린다

    실패의 원인을 찾을 때의 방향이 먼저 자신에게 향하고 있는지, 다른 사람에게 향하고 있는지에 의해 그 사람의 능력과 품성을 꽤 정확하게 판정할 수 있습니다. 스스로 잘못을 인정하는 것은 매우 어렵지만 나쁜 상황에 처했을 때 솔직히 잘못을 인정하는 것은 매우 큰 효과가 있습니다. 실패의 원인을 나에게서 찾고 이를 솔직하게 드러내는 사람이 강한 사람입니다. 바람직한 영향력, 즉 리더십은 그런 데서 자연스럽게 우러나오게 됩니다.

이타성과 겸손으로
무장하라

하늘은 겸손한 자를 도와준다

겸손하게 의견을 말하면 상대는 곧 납득을 하고 반대하는 사람도 줄어
든다. 그리고 내 잘못을 정직하게 인정하면 내 옳은 생각에 대해 상대방이
박수를 보내준다. 늘 자기 의견만 정당하다고 고집하지 마라.

– 벤자민 프랭클린

촌철활인 | 한 치의 혀로 사람을 살린다

겸손은 남이 시기해 진로를 방해하지 않도록 미리 지뢰를 제
거해주는 효과가 있습니다. 주역에는 "하늘의 도는 자만하는 자
를 멸하고 겸허한 자를 이롭게 하며, 땅의 도는 자만한 자를 어
지럽히고 겸허한 자에게 순응한다."라는 내용이 실려 있습니다.
탈무드에는 "총명한 사람이 자만하는 순간 지혜는 그 사람을 떠
난다."라는 내용이 있습니다.

물에서 배운다

강해지려면 흐르는 물처럼 되어야 한다. 네모난 관이면 물은 네모나게 흐르고, 둥근 관이면 물은 둥글게 흐른다. 물은 언제나 부드럽게 흐르기 때문에 가장 강하다.

– 노자

촌철활인 | 한 치의 혀로 사람을 살린다

손자병법에도 물에서 유연성과 겸손 같은 지혜를 배운다는 뜻의 '병형상수兵形象水' 개념이 있습니다. 탈무드에도 "물이란 본디 정상에 머물지 않고 계곡을 따라 흘러가는 법이다. 이처럼 진정한 미덕은 다른 사람보다 높아지려고 하는 사람에게는 머무르지 않으며 겸손하게 낮아지려는 사람에게만 머무는 법이다."라고 물에서 겸손을 배우라고 가르칩니다.

행운과 능력을 구별하는 능력

행운에는 능력이라고 하는 치명적인 유혹이 따르게 마련이다. 길을 가다 돈을 주웠을 때, 자신의 능력이라고 생각하는 사람은 없다. 반면 비즈니스 세계에서 행운이 찾아오면, 사람들은 순전히 행운이 따라줘서 돈을 번 게 아니라, 뛰어난 능력 덕택에 자신이 성공을 거머쥘 수 있었다고 믿는다. 행운과 능력을 혼동하는 순간 여러분은 몰락의 길로 들어설 것이다.

— 보 피버디(트라이포드 창업자)

첫 번째 성공을 운으로 돌리느냐 아니면 자신의 능력으로 돌리느냐 하는 것이 그 다음번 성공과 실패를 가릅니다. 성공을 행운으로 돌리는 사람은 연속적으로 행운이 찾아오기를 기대하는 대신 철저한 준비를 합니다. 반면 이를 능력으로 돌리는 사람의 자만심은 반드시 실패를 불러오게 됩니다.

내가 모든 이로부터
사랑과 존경을 받는 이유

어느 현자가 "당신은 어떻게 아무도 이의를 제기하지 않는 확고부동한 지도자로 인정받을 수 있었습니까?"라는 질문을 받고 이렇게 대답했다. "저는 저보다 더 나은 면을 찾아볼 수 없는 사람을 만난 적이 없습니다. 그래서 저는 제가 만나는 모든 사람을 존경하고 그들 앞에서 겸손하게 행동할 수 있었습니다."

– 바야 이븐 파쿠다

촌철활인 | 한 치의 혀로 사람을 살린다

현자는 말합니다. "저보다 나이 많은 사람을 만나면, 오랜 세월 습득한 장점이 저보다 많으리라 생각합니다. 어린 사람을 만나면, 저보다 더 적게 죄를 지었으리라 생각합니다. 더 부유한 사람을 만나면 저보다 더 많이 베풀었으리라 생각하고, 더 가난한 사람을 만나면 그의 영혼이 더 겸손하리라 생각합니다."(랍비 조셉 텔루슈킨, '죽기 전에 한번은 유대인을 만나라'에서)

사람을 잘 쓰는 사람은 겸손하다

하늘의 도는 자만하는 자를 멸하고 겸허한 자를 이롭게 하며, 땅의 도는 자만한 자를 어지럽히고 겸허한 자에게 순응한다. 귀신은 자만한 자를 해치고 겸허한 자에게 복을 내리며, 사람은 자만한 자를 싫어하고 겸허한 자를 좋아한다.

– 주공(중국 주(周)나라 문왕의 아들, 정치가)

촌철활인 | 한 치의 혀로 사람을 살린다

주공은 아들에게 겸손을 가르치며 이렇게 말합니다. "나는 현명한 선비를 맞이할 때 머리를 감고 세 번이나 정갈하게 고쳐 묶은 뒤 달려가 맞았으며, 밥을 먹다가도 세 번이나 숟가락을 내려놓고 나가 공손하게 머리를 숙였다. 이렇게 하면서도 혹시 현명한 선비를 소홀히 대하지는 않았는가 걱정했다. 천하를 가진 천자라도 겸손하지 않으면 천하를 잃고 망하기 마련이다."

겸손함은 그 사람의 꿈의 크기다

성공한 사람들, 그리고 꿈이 큰 사람들일수록 주위사람들에게 위세를 떨치지 않고 늘 겸손하게 대한다. 남을 높인다고 내가 낮아지는 것은 아니다. 낮아지기는커녕 나도 덩달아 높아지게 마련이다. 겸손함은 그 사람의 꿈의 크기다. 지금 그 자리에서 머물지 않고 크게 성장하고 싶은 꿈이 있다면 주위 사람들에게 겸손하라.

– 김성회, '하이터치 리더'에서

교만은 인간관계의 뺄셈법칙이고 겸손은 인간관계의 덧셈법칙입니다. 재능이 칼이라면, 겸손은 그 재능을 보호하는 칼집입니다. 뛰어난 재능은 인물을 돋보이게 하지만 적을 만들기도 합니다. 겸손은 남이 시기해 진로를 방해하지 않도록 미리 지뢰를 제거해주는 효과가 있습니다. 겸손이 사라지는 순간, 재능은 묻혀있는 지뢰를 폭발시켜 버립니다.

실력 있는 사람만이
겸손할 자격을 갖는다

교만의 반대편에 선 미덕은 겸손이다. 만일 누군가 겸손을 배우고 싶어 한다면, 나는 그 사람에게 겸손해지는 방법을 말해주고 싶다. 그 첫 단계란 '사람은 누구나 교만하다'는 사실을 깨닫는 것이다. 이것은 매우 중요하다. 적어도 이 단계를 밟기 전에는 그 어떤 일도 일어나지 않는다. 만일 자신이 교만하지 않다고 생각한다면 그것이야 말로 가장 큰 교만이다.

– C. S. 루이스(영국 문학가)

촌철활인 | 한 치의 혀로 사람을 살린다

벼는 익을수록 머리를 숙입니다. 자세를 낮추는 것은 결코 비굴이 아닙니다. 실력이 있는 사람만이 겸손할 자격을 얻게 됩니다. '목적이 이끄는 삶'에서 릭 워렌은 "겸손이란 자기 자신을 낮추는 것이 아니라 자신을 덜 생각하고 남을 더 생각하는 것이다. 겸손 없이 다른 사람들을 이끌고 격려하는 것은 불가능하다."라고 말합니다.

낮은 데로 임하소서

바다와 강이 수백 개의 산골짜기 물줄기에 복종하는 이유는 그것들이 항상 낮은 곳에 있기 때문이다. 따라서 다른 사람들보다 높은 곳에 있기 바란다면 그들보다 아래에 있고, 그들보다 앞서기 바란다면 그들 뒤에 위치하라.

– 노자

촌철활인 | 한 치의 혀로 사람을 살린다

물은 아래로 흐르기 때문에 바다를 이루게 됩니다. 자신을 낮추면 더 높게 대접받게 되는 것이 세상 사는 이치입니다. 지혜로운 자는 교만이 아닌 겸손을 선택합니다.

겸손해지는 첫 번째 단계

교만의 반대편에 선 미덕은 겸손이다. 겸손을 배우고 싶어 하는 사람이 있다면 '사람은 누구나 교만하다'는 사실을 깨닫는 것이 겸손의 첫 단계라 말해주고 싶다. 적어도 이 단계를 밟기 전에는 그 어떤 일도 일어나지 않는다. 만일 자신이 교만하지 않다고 생각한다면 그것이야말로 가장 큰 교만이다.

– C. S. 루이스, '순전한 기독교'에서

촌철활인 | 한 치의 혀로 사람을 살린다

시경詩經에 '행백리자行百里者 반구십半九十'이라는 고사성어가 있습니다. '100리를 가려는 사람은 90리를 가고서 이제 절반쯤 왔다고 여긴다'는 뜻입니다. 무슨 일이든 완전히 마무리 할 때까지 결코 자만하지 말고 겸손하게, 긴장을 늦추지 말고 꾸준히 노력해야 한다는 가르침을 주고 있습니다.

'나는 운이 있다' 말하는 사람을 선택한다

실력도 중요하지만 그보다 '같이 일할 수 있는 품성을 갖추고 있는가'가 중요하다. 또 한 가지, 나는 행운을 가진 사람을 선택한다. 행운을 가진 사람은 조직에 큰 도움을 줄 뿐 아니라 주위 사람을 행복하게 한다. 경험상 자기 스스로 행운을 가지고 있다고 생각하는 사람이 결국은 행운을 쥐고 있다.

– 토머스 누난(전 IBM 부사장 및 ISS 설립자)

촌철활인 | 한 치의 혀로 사람을 살린다

경영의 신이라 일컬어지는 마쓰시타 고노스케 파나소닉 창업자도 "나는 운이 좋다." 말하는 사람을 채용한다 말했습니다. 성공을 운으로 돌릴 줄 아는 사람은 겸손합니다. 운이 좋기 위해서는 미리 철저하게 준비하고 노력해야 합니다. 또한 운이 좋으려면 주변 사람들에게 미리미리 덕을 쌓아야 합니다. 운 좋은 사람들이 행운을 가져온다는 것은 맞는 말이라 할 수 있습니다.

나를 잘 다스리는 법

총명하고 생각이 밝더라도 어리석음으로 자기를 지키고, 공이 천하를 덮을 만하더라도 겸양으로 자기를 지키고, 용맹이 세상에 떨칠지라도 겁냄으로써 자기를 지키고, 온 세상을 차지할 정도로 부유하더라도 겸손으로써 자기를 지켜야 한다.

– 공자. 레오짱 저 '출근길에 읽는 한 토막 명심보감'에서

촌철활인 | 한 치의 혀로 사람을 살린다

서경書經에 '만초손滿招損 겸수익謙受益', 즉 '가득 차면 손해를 부르고, 겸손하면 이익을 얻는다'는 대목이 나옵니다. 사람들은 오만한 사람보다 늘 겸손한 사람을 존경하고 따릅니다. 평범한 진리인데, 실천하는 사람이 많지 않습니다.

기업가의 첫 번째 법칙

기업가에 있어서 첫 번째 법칙은 듣는 것이다. 그들은 남들에게서 심오한 배움을 얻는 과정 속에서 겸손한 자세로 자신을 낮추는 것을 참을 수 있을 만큼 유순해야 하고, 또 그만큼 영리해야 한다.

– 마이클 노박, '소명으로서의 기업'에서

촌철활인 | 한 치의 혀로 사람을 살린다

'내가 많이 알고 있다.'는 생각이 들 때가 가끔 있습니다. 그런 때가 가장 위험한 순간입니다. 진정한 창조는 모방에서 비롯된다고 말해집니다. 겸손한 자세로 남으로부터 듣고 배우는 것을 중지해서는 안 된다는 것과 같은 이치라 하겠습니다. 이건희 삼성그룹 회장이 선친 이병철 회장으로부터 받은 휘호인 경청傾聽을 좌우명으로 삼고 있는 것도 눈여겨 볼필요가 있습니다.

정상을 지키기가 어려운 이유

정상에 오르기란 어렵다. 그런데 정상에 오른 뒤에 그 자리를 지키는 사람이 드문 이유는 십중팔구 성공바이러스에 감염되었기 때문이다. 성공바이러스의 감염증상은 만족감으로 나타난다. 성취는 성공 바이러스가 당신과 당신이 이끄는 조직을 감염시키지 않도록 주의할 때만 같은 수준 또는 더 높은 수준으로 지속된다.

– 존 우든, '리더라면 우든처럼'에서

촌철활인 | 한 치의 혀로 사람을 살린다

스펜서 존슨은 "전성기에서 일찍 밀려나게 되는 가장 일반적인 원인은 자신감이라는 탈을 쓴 오만함"이라고 말했습니다. 모든 실패의 근저에는 자만감이라는 공통점이 있습니다. 자만심은 자신감을 부풀리고 현실을 잘못 보게 만듭니다. 벼는 익을수록 고개를 숙인다는 평범한 지혜를 다시 한 번 새길 때입니다.

영웅을 벨 칼은 영웅 내부에 있다

천하무적의 영웅을 벨 칼은 영웅의 내부에 있다. 상승을 거듭하여 정점에 오른 영웅이 앓게 되는 고질병이 하나 있다. '휘브리스(Hybris)', 즉 '오만'이라는 이름의 병이다. '휘브리스'가 찾아들면서 영웅은 하강의 주기로 진입한다.

– 이윤기, '그리스 로마 신화'에서

촌철활인 | 한 치의 혀로 사람을 살린다

놀랍게도 동서양 고전의 핵심내용이 일치하는 경우를 자주 목도합니다. '잡보장경'雜寶藏經에서도 "태산 같은 자부심을 갖고 누운 풀처럼 자기를 낮추어라. 역경을 참아 이겨내고 형편이 잘 풀릴 때 조심하라."라고 강조합니다. 친숙한 우리 속담, "벼는 익을수록 고개를 숙인다."에도 오만을 경계하라는 하심下心의 의미가 포함되어 있습니다.

지나침보다 모자람이 낫다

계영배(戒盈杯)라는 술잔이 있다. 계영배에 술을 70% 이상 따르면 술이 전부 빠져나간다고 한다. 나는 인생도 계영배처럼 살아야 한다고 생각한다. 말하고 싶은 것의 70%만 말하고, 행동하고 싶은 것의 70%만 하는 것이 바람직하다. 갖고 싶은 것도 70%만 갖는 것으로 만족해야 한다. 과유불급(過猶不及)이라, 넘치는 것은 모자람만 못하다.

– '오명(건국대 총장), '30년 후의 코리아를 꿈꿔라'에서

촌철활인 | 한 치의 혀로 사람을 살린다

'넘치고 지나침을 경계하는 술잔' 계영배는 원래 고대 중국에서 제천의식 때 사용하던 의기儀器였다고 합니다. 욕심과 자만심은 누르고, 내가 틀릴 수 있다는 생각으로 남의 말에 귀 기울이고, 남의 좋은 의견은 반영하되, 성공했을 경우 공은 나누는 그런 겸손을 가르치는 계영배의 의미를 되새겨 봅니다.

지나치게 채우고자 하면 넘친다

꽃은 반만 피웠을 때 보고, 술은 약간 취하도록 마셔야 그 속에 큰 즐거움이 있다. 활짝 핀 꽃을 보고, 술에 흠뻑 취하게 되면 오히려 추한 지경에 이르니, 무엇이든 가득 차 있는 사람은 신중하게 생각해볼 일이다.

— 채근담

촌철활인 | 한 치의 혀로 사람을 살린다

지나침은 미치지 못한 것만 못합니다過猶不及. 지나치게 채우고자 하면 넘치고, 모든 불행은 스스로 만족함을 모르는 데서 비롯됩니다. 지나친 욕심은 우리를 막다른 골목으로 몰아붙일 뿐입니다. 70%가 차면 새어나가도록 만든 술잔, 계영배戒盈杯의 지혜를 다시 한 번 새겨봅니다.

꽃은 피는 순간부터 지기 시작한다

꽃이 피기까진 긴 겨울이 필요하다. 겨울의 찬바람과 눈보라를 모두 이겨내고 나서야 마침내 꽃은 활짝 핀다. 그러나 꽃은 피는 순간부터 지기 시작한다. 자연의 꽃은 순리에 따라 지지만 인생에 있어서의 꽃은 초심을 잃기 때문에 진다. 자신감이 오만으로 변질될 때 위기가 찾아온다.

— 정우현(미스터 피자 회장), '나는 꾼이다'에서

촌철활인 | 한 치의 혀로 사람을 살린다

명심보감에 "그릇이 차면 넘치고 사람이 차면 잃게 된다."라는 구절이 있습니다. 성공은 필연적으로 교만을 부릅니다. 또한 정상까지 오르게 해준 방법들이 역설적으로 계속 그곳에 머물러 있지 못하게 하는 작용을 합니다. 정상에 오르기보다는 지키는 것이 3배는 어렵다는 말이 실감납니다.

만물은 성하면
반드시 쇠하기 마련이다

득의하였을 때 자신의 능력을 과장하지 말 것이며, 불우하다고 해서 세상을 질투하지 말라. 만물은 성하면 반드시 쇠하게 마련이며, 융성한 성공도 교체가 있게 마련이다.

– 임동석 역주, '석시현문'에서

촌철활인 | 한 치의 혀로 사람을 살린다

달은 차면 기울고, 기울면 차듯이 천지만물의 이치란 돌고 도는 것이며, 평형을 유지하는 것입니다. 인간도 마찬가지입니다. 오만하면 그 지위가 내려가고, 겸손하면 그 지위가 올라가게 됩니다.

만족하지 마라
- 성공이 당신을 죽일 수 있다

분명 성공은 더 큰 성공을 낳을 수 있지만, 당신이 성공에 만족하지 않은 경우만 그렇다. 세상에서 가장 중요한 것은 지금 우리가 어디 있느냐 하는 것이 아니라, 우리가 지금 어떤 방향으로 가고 있느냐 하는 것이다. 리더로서 당신은 성공에서 안전함이라는 환상과 싸워야 한다.

– 올리버 홈스(Oliver Wendell Holmes, 하버드 대학 교수)

촌철활인 | 한 치의 혀로 사람을 살린다

인생에서 경험한 성공과 실패 중 어느 것이 더 값진 것일까요? 성공은 자신감 증대요인으로만, 그리고 실패는 더 없이 소중한 배움의 기회로 삼는다면 둘 다 가치가 있는 경험이라고 생각합니다. 톰 콜라르는 "성공은 여행이지 목적지가 아니다."라고 말했답니다.

권세는 높을수록 더욱 위태롭다

도(道)란 높을수록 더욱 편하지만, 권세는 높을수록 더욱 위태롭다.(道高益安 勢高益危) 혁혁한 권세를 가진 자리에 있으면, 몸을 망치는 날이 오게 마련이다.

– '사기' 김원중 저 '1일 1독'에서

촌철활인 | 한 치의 혀로 사람을 살린다

높은 자리에 올라가는 것은 권한이 커지는 것이 아니라 책임이 커진다는 것을 잘 아는 멋진 리더, 높은 자리는 더 많은 섬김을 받는 자리가 아니라 더 많이 섬겨야 하는 자리라는 것을 아는 참다운 리더가 그립습니다.

하늘이 사람에게 복을 주려고 하면

하늘이 사람에게 재앙을 내리려고 하면 반드시 먼저 작은 복을 주어 교만하게 한다. 따라서 복이 온다고 기꺼워할 것이 아니라 그것이 받을 만한 것인가를 보아야 한다.

– 임동석 역주, '석시현문'에서

촌철활인 | 한 치의 혀로 사람을 살린다

이어지는 구절입니다. "하늘이 사람에게 복을 주고자 하면 반드시 먼저 작은 재앙을 내려 이를 경계토록 한다. 따라서 재앙이 왔다고 근심할 것이 아니라 그것이 구제될 수 있는가를 살펴야 한다."

갈등 해결법

갈등 상황이 발생했을 때, 당신 자신뿐 아니라 상대방의 만족을 위해서 노력하라. 그것이 장기적이고 보다 나은 결과를 얻는 비결이다. 심지어는 자신을 희생해서라도 다른 사람의 성공을 도와라. 그것이 결국 자신을 돕는 길이다.

– 찰스 C. 만즈, '긍정적으로 생각하라'에서

촌철활인 | 한 치의 혀로 사람을 살린다

우리 자신의 개인적인 이익에 초점을 맞출 때보다 다른 사람이 원하는 것을 가질 수 있도록 도우려고 노력할 때, 우리는 훨씬 더 많은 것을 얻을 수 있습니다. 때때로 장기적으로 이기는 유일한 길은 단기적으로 지는 것입니다.

인자무적(仁者無敵) - 51대 49의 법칙

비즈니스에서 '51대 49의 법칙'이 있다. 이익을 분배할 때는 내가 49를 갖고 상대방에게 51을 주면 나는 비록 1을 양보하지만 상대방은 2를 받았다고 생각한다. 조금만 양보하면 상대방은 내가 준 것보다 많이 받았다고 생각하는 것이다. 인맥을 맺을 때 기억해야 할 가장 중요한 법칙이다.

— 이금룡, '고수는 확신으로 승부한다'에서

촌철활인 | 한 치의 혀로 사람을 살린다

이용태 삼보컴퓨터 창업회장도 "일을 할 때는 남보다 5퍼센트 더하고, 성과를 나눌 때는 남보다 5퍼센트 덜 가져라."라고 말합니다. 맹자에 나오는 '인자무적仁者無敵, 즉 어진 사람에 대적해서 이길 수 있는 사람이 없다'는 교훈과 맥을 같이하고 있습니다. 다른 사람들과의 관계에서는 작은 손해들이 덕德으로 쌓여 결국 큰 이익으로 돌아옵니다.

남이 원하는 걸 먼저 들어줘라

무릇 인자(仁者)는 자신이 출세하고 싶으면 남을 먼저 출세하게 하고, 자신이 어떤 목표에 도달하려 한다면 남을 먼저 도달하게 한다.(己欲立而立人)

– 공자, '논어 옹야'에서

촌철활인 | 한 치의 혀로 사람을 살린다

자신이 원하는 결과를 얻으려면 먼저 남이 원하는 결과를 얻을 수 있도록 도움을 아끼지 말아야 합니다. 좋은 일은 남을 앞세우고 궂은일에는 자신을 앞세우는 인자仁者가 결국 많은 것을 성취하게 되어 있습니다.

남을 위해 희생할 준비가 되어 있는 사람이 승리한다

언제든 서로 돕고 공공의 이익을 위해 자신을 희생할 준비가 되어있는 개체가 많은 종이 거의 모든 종을 누르고 승리를 차지할 것이다. 그것이 자연선택이다.

— 찰스 다윈(생물학자)

촌철활인 | 한 치의 혀로 사람을 살린다

자신보다 남을 먼저 배려하는 사람이라는 명성을 얻으면 일종의 마법 같은 힘이 생깁니다. 그 혜택은 이루 말할 수 없는 다양한 방법으로 자신에게 돌아오게 됩니다. 먼저 양보하고, 먼저 배려하는 사람이 결국 더 많은 것을 얻게 됩니다.(애덤 그랜트, 'Give and take'에서)

세상을 위해
나를 버릴 줄 아는 아름다움

비누는 쓸수록 물에 녹아 없어지는 하찮은 물건이지만 때를 씻어준다. 물에 녹지 않는 비누는 결코 좋은 비누가 아니다. 사회를 위하여 자신을 희생하려는 마음이 없고 몸만 사리는 사람은 녹지 않는 비누와 마찬가지로 나쁘다.

— 존 워너메이커(워너메이커 백화점 설립자)

촌철활인 | 한 치의 혀로 사람을 살린다

랄프 왈도 에머슨은 '무엇이 성공인가?'에서 "자기가 태어나기 전보다 세상을 조금이라도 살기 좋은 곳으로 만들어 놓고 떠나는 것. 그것이 진정한 성공이다."라고 말합니다. 비누가 세탁물을 통해 자신의 존재가치를 드러내는 것처럼 우리도 세상에 존재하는 다른 사람들을 통해서, 그리고 내가 남긴 것들과 내가 변화시킨 것들에 의해서 자신의 존재가치를 인정받게 됩니다.

억만장자의 공통점
– 주는 능력이 탁월하다

　　사업하면서 억만장자를 만날 기회가 많았는데, 이런 공통점이 있었다. 그것은 주는 능력이 탁월하다는 것이다. 그들은 내게도 귀에 못이 박히도록 얘기한다. "성공하려면 줘야 해요. 결국 주는 사람이 성공합니다." 라고….

– 데이비드 김(바하 프레시 회장), '최고가 되려면 최고를 만나라'에서

촌철활인 | 한 치의 혀로 사람을 살린다

　　계속되는 이야기입니다. "주는 것만큼 당신의 리더십과 인격을 쌓게 하는 것은 없다. 왜 그럴까? 그것은 부와 리더십의 핵심이 베푸는 마음과 연결되어 있기 때문이다. 대부분의 사람들은 이것을 이해하지 못한다. 이 세상에 억만장자가 적을 수밖에 없는 이유다."

10을 받으면 11을 준다

자기는 10을 받았는데 다른 사람에게는 9밖에 주지 않는다면 어떻게 될까? 만일 모든 사람들이 그런 식으로 살아간다면 사회 전체가 점점 빈곤해질 것이다. 그러나 모든 사람들이 10을 받고 11을 준다면 그 나머지 1이 점차 쌓이면서 사람들은 몸과 마음이 풍족한 생활을 보낼 수 있게 된다.

— 마쓰시타 고노스케(파나소닉 창립자)

촌철활인 | 한 치의 혀로 사람을 살린다

대부분의 다툼과 갈등의 원인은 주는 것보다 더 많이 받으려고 하는 데 있습니다. 하나 더 받기보다, 하나 더 주겠다는 아주 조그마한 마음의 변화가 세상에 거대한 변화를 가져올 수 있습니다.

바라지 말고 주어라

은혜를 베푼 사람이 속으로 자신이 한 일을 의식하지 않고 보답을 바라지 않는다면 한 말의 곡식도 만 섬의 값어치가 있으나 재물로 남을 돕는 사람이 자신이 한 일을 염두에 두고 상대방이 보답해주기를 바란다면, 비록 수많은 재물로도 하찮은 공로 하나 이루기 어렵다.

– 채근담

촌철활인 | 한 치의 혀로 사람을 살린다

채근담에 나오는 주옥같은 말씀들이 많이 실려 있습니다. "세상을 살아가는 데에는 한 걸음 양보하는 것이 뛰어난 행동이니, 물러나는 것이 곧 나아가는 바탕이기 때문이다. 사람을 대할 때에는 너그럽게 하는 것이 복이 되니, 남을 이롭게 하는 것이 실로 자신을 이롭게 하기 때문이다."

과감히 버릴 수 있는 용기를 가져라

어벤던 앤드 테이크(abandon & take), 즉 새로운 것을 얻으려면 어떤 것을 버릴 각오를 해야 한다. 그러지 않으면 기존의 것과 새로운 것 모두 실패하게 된다. 요컨대 새로운 것을 얻으려고 하기 전에 버려도 좋은 것을 정하고 나서 움직이라는 말이다. 그러지 않으면 바라는 것도 얻을 수 없고, 더 나아가 수중에 있는 것까지 잃어버릴지도 모른다.

― 빌 히비트(KPMG 이사)

촌철활인 | 한 치의 혀로 사람을 살린다

성공하는 사람은 Take & Take, 즉 모든 것을 얻으려고 과욕을 부리지 않습니다. 테이크 앤드 테이크는 성공하지 못하는 사람의 행위 패턴입니다. 얻고자 하는 모든 것을 얻은 사람은 없습니다. 새로운 것을 얻기 위해서는 먼저 버려야 합니다.

3년 동안 벌었다면
1년 치는 사회에 환원한다

3년 동안 벌었다면 1년 치는 사회에 환원한다는 사고방식을 가지고 있다면 어떤 경우에도 놀랄 필요가 없다. 1년 치를 환원해도 2년 치가 남는다. 자벌레는 두 치를 전진하면 한 치는 후퇴하는데, 그것이 적절한 진행 방법이다. 3년 동안 번 후 4년째에도 흑자를 내려는 태도는 자벌레가 앞으로 전진할 줄만 알고 후퇴할 줄은 모르는 것과 다르지 않은, 죽음을 의미한다. 죽는 것보다는 1년을 후퇴하여 살아남는 것이 바람직하지 않을까?

– 마쓰시타 고노스케(파나소닉 창립자)

촌철활인 | 한 치의 혀로 사람을 살린다

이런 사고방식을 가지게 되면 욕심과 집착이 없어집니다. 그러면 편안한 마음으로 일할 수 있습니다. 무리수를 두지 않게 되고, 일하는 과정에서 즐거움과 행복을 얻을 수 있습니다. 그리고 큰 위험에 빠지지 않을 수 있습니다. 결국 나눔이 행복한 성공을 가져옵니다.

시련과 역경이
사람을 만든다

내가 배워야 할 것은
초등학교에서 다 배웠다

어느 날 우연히 당시 초등학교를 다니던 아들의 도덕교과서를 보게 되었다. '더불어 살아야 한다' '약속은 반드시 지켜야 한다' '정직해야 한다' '겸손해야 한다' '성실해야 한다' '솔선수범해야 한다' '희생할 줄 알아야 한다' 등의 글이 그 안에 가득 차 있었다. 그 짧은 순간이 내 경영인생의 커다란 전환점이 되었다. 그 이후로 나는 줄곧 초등학교 도덕교과서가 시키는 대로만 회사를 운영하려고 애썼다.

– 정문술(전 미래산업 회장)

촌철활인 | 한 치의 혀로 사람을 살린다

부쩍 '기본에 충실하자Back to the basic'는 이야기가 많이 들립니다. back to the basic은 두 가지 의미로 해석됩니다. 첫째는 당장 손해를 보더라도 옳다고 생각하는 것을 그대로 실천할 수 있어야 한다는 의미입니다. 두 번째는 어제 내가 옳다고 생각한 것이 오늘도 옳은 것인지 매일 되새겨보고, 또 꾸준히 새롭게 학습해야 한다는 것입니다. 어제 옳은 것이 오늘은 시대에 뒤떨어진 것일 수 있기 때문입니다.

바르게 살아가는 법을 반복 학습하기

인격이란 인간으로 바르게 살아가는 법을 반복 학습해야 터득할 수 있다. 스포츠맨이 매일 근육을 단련하지 않으면 훌륭한 몸매를 유지할 수 없듯이 경영자도 눈 깜빡할 사이에 타락하고 만다. 기업의 요체는 대의명분을 확립하고 경영자가 바르고 고매한 마음가짐을 유지하는 데 있다. 인간으로서 기업으로서 어떻게 살아갈 것인가를 늘 자문자답하면서 연마해야 한다.

– 이나모리 가즈오(교세라 창업회장)

최근 들어 훌륭한 경영자, 훌륭한 리더가 되는 것은 제대로 된 인격을 갖추는 것, 즉 참 인간되기와 크게 다르지 않다는 생각을 많이 하게 됩니다. "리더십에 대한 토론은 반드시 능력과 경쟁에 대한 이야기로 시작되지만, 반드시 한 개인의 인격과 성실성에 대한 이야기를 하는 것으로 끝이 난다."(론 시몬스)라는 말 뜻도 조금은 이해가 됩니다.

인사하는 것을 가장 먼저 가르친 이유

인사하지 않는다는 것은 상대에 대한 존중이 없다는 것이고, 존중이 없다는 것은 겸손이 없고, 겸손이 없으면 오만하다는 뜻이다. 오만은 자신의 실력을 제대로 모르고 있다는 것이다. 이런 선수들로는 승부 세계에서 살아남을 수 없다. 그래서 제일 먼저 가르친 게 인사하는 것이었다.

– 김성근(야구 감독), '나는 김성근이다'에서

촌철활인 | 한 치의 혀로 사람을 살린다

이어지는 김성근 감독 이야기입니다. "상대가 나에게 예를 갖추고 있다고 생각하면 나 역시 상대에게 함부로 대하지 못하게 된다. 이러면서 존중하는 마음도 생기고, 그 위에 동료애도 쌓이는 것이다. 나는 이런 기본을 중요하게 생각한다. 기본이 되어 있지 않으면 아무리 야구를 잘해도 오래갈 수 없다."

성실을 얻는 5가지 방법

성실한 것은 하늘의 도(道)다. 성실해지려고 하는 것은 사람의 도다. 그 성실을 얻는 데에는 다섯 가지 덕목이 있다. 첫째, 널리 배우는 것(博學), 둘째, 자세히 묻는 것(審問), 셋째, 조심스럽게 생각하는 것(愼思), 넷째, 분명하게 판별하는 것(明辯), 다섯째, 독실하게 행하는 것(篤行)이다. 박학(博學), 심문(審問), 신사(愼思), 명변(明辯)으로써 일단 한 편의 지식은 얻을 수가 있으나 얻은 것을 실행(篤行)해야 비로소 자기가 터득한 학문이라 할 수가 있다.

— 중용(中庸)

촌철활인 | 한 치의 혀로 사람을 살린다

경영컨설턴트 간다 마사노리는 "성공하기 위한 노하우가 분명한데도 실제 행동으로 옮기는 사람은 1%밖에 되지 않는다. 그러므로 성공하는 것은 간단하다."라고 실천의 중요성을 강조하고 있습니다. 실행은 기계가 잘 돌아가는지 확인하는 것과 마찬가지로 힘들고, 어렵고, 지루한 일입니다. 그러나 성공을 위해선 반드시 해야만 하는 일입니다.

당신이 이 세상에서
가장 현명한 사람입니다

세상에서 가장 현명한 사람은 모든 사람으로부터 배울 수 있는 사람이고, 남을 칭찬하는 사람이고, 감정을 조절할 수 있는 사람이다.

– 탈무드

촌철활인 | 한 치의 혀로 사람을 살린다

위 3가지 중 제일은 배움입니다. 감정조절과 칭찬의 기술도 배움과 훈련을 통해 충분히 개선시킬 수 있기 때문입니다. 배움에는 부끄러움이 있을 수 없습니다. 공자님 말씀대로 '세 사람이 길을 가면 반드시 나의 스승이 있다'는 자세로 매일을 살아간다면 반드시 이 세상에서 가장 현명한 사람으로 우뚝 서는 날이 있을 것입니다.

세상은 거울이다

세상은 거울이다. 거울은 내가 하는 대로 한다. 세상도 마찬가지다. 내가 웃으면 거울도 웃고, 내가 칭찬을 하면 거울도 칭찬을 한다. 내가 세상을 도우면 세상도 나를 도와준다. 반대로 내가 다른 사람을 비난하면 세상도, 다른 사람도 나를 비난한다.

– 민계식(전 현대중공업 회장)

촌철활인 | 한 치의 혀로 사람을 살린다

내가 칭찬받고 싶으면 먼저 칭찬하고, 도움 받고 싶으면 먼저 도와주고, 인사 받고 싶으면 먼저 인사하면 됩니다. 우리는 남을 변화시킬 수는 없습니다. 나 스스로만을 바꿀 수 있습니다. 그러나 나를 바꿈으로써 남을 바꿀 수 있고, 세상을 바꿀 수 있습니다.

말은 생각을 담는 그릇이다

말은 생각을 담는 그릇이다. 생각이 맑고 고요하면 말도 맑고 고요하게 나온다. 생각이 야비하거나 거칠면 말 또한 야비하고 거칠게 마련이다. 그러므로 그가 하는 말로써 그의 인품을 엿볼 수 있다. 그래서 말을 존재의 집이라 한다.

– 법정스님

촌철활인 | 한 치의 혀로 사람을 살린다

말과 교양은 일맥상통한다 할 수 있습니다. 교양은 품격 있는 삶을 위해 반드시 필요한 요소입니다. 교양은 사람의 내면을 채운 뒤에는 안정된 품성, 타인에 대한 배려, 우아함, 식견 등으로 표출되어 사람들을 매료시킵니다. 독일어로 빌둥Bildung, 즉 쌓아가는 것이라는 의미를 갖고 있는 교양은 선천적으로 타고나는 것이 아니라 부단한 노력과 학습을 통해 얻어지는 후천적 결과물입니다.

일이 사람을 만든다

'도대체 무엇을 위해 일하는가?' 궁금하다면 이것만은 명심해주기 바란다. 지금 당신이 일하는 것은 스스로를 단련하고, 마음을 갈고 닦으며, 삶의 가치를 발견하기 위한 가장 중요한 행위라는 것을….

– 이나모리 가즈오(교세라 명예회장), '왜 일하는가'에서

촌철활인 | 한 치의 혀로 사람을 살린다

이나모리 가즈오 회장과 이야기를 나누던 독일 영사는 이렇게 말했습니다. "노동은 맡은 일을 달성하는 것이 아니라, 내적 완성을 위한 과정입니다. 일은 그 일에 종사하는 사람의 마음을 연마하고 인간성을 키워줍니다." 일본 에도 시대 이시다 바이간 石田梅岩의 '제업즉수행諸業修行' 개념과 정확히 일치합니다. 즉 일류국가 국민들은 일은 필요악이자, 힘들고 고통스러운 것이 아닌, '기술을 갈고 닦아 연마할 뿐 아니라 마음을 수행하는 과정이며, 자아를 실현하고 인격을 높이는 수단'이라는 인식을 공유하고 있습니다.

일이 곧 수양이고, 인격의 완성이다

모든 일(노동) 자체가 사회적 계약으로 신용의 지킴을 수업하는 정신수양이며 자기의 완성이므로 일하는 자체가 곧 도를 닦는 것과 같다. 돈보다 귀중한 것은 인격의 완성이니, 이익이 없더라도 대가를 바라지 말고 평생 열심히 정진해야 한다. 이것이 바로 세키몬 신카쿠(石門心學)의 핵심인 제업즉수행(諸業卽修行) 혹은 제업즉수업(諸業卽修業)이다.

– 이시다 바이간(세키몬 학파 주창자), 김창권 저 '아들아 위대한 CEO의 열정을 배워라'에서

촌철활인 | 한 치의 혀로 사람을 살린다

이시다 바이간의 사상을 이어받은 오사카 상인들은 진정한 상인은 상대방과 자신이 모두 잘될 수 있는 것을 생각하며, 눈앞의 작은 이익에 연연하는 것을 벗어나야 한다는 생각을 갖고 있습니다. 또한 오사카 상인들은 돈을 남기는 것은 하下, 가게를 남기는 것은 중中, 사람을 남기는 것은 상上이라는 신념을 이어오고 있습니다.

신뢰방정식의 4가지 구성요소

신뢰(Trust)는 전문성과 정직함에서 오는 믿음(Credibility)과 약속과 이행이 연결된 경험의 반복, 즉 일관성에 의한 예측가능성(Reliability), 그리고 감정적인 믿음, 즉 친밀감(Intimacy)을 합한 값을 자기중심성, 즉 이기적 성향(self-interest)으로 나눈 값으로 산출된다.

$T=(C+R+I)/S$ 가 바로 신뢰 방정식이다.

– 데이비드 마이스터, '신뢰의 기술'에서

촌철활인 | 한 치의 혀로 사람을 살린다

신뢰는 리더십과 매우 높은 정(+)의 상관관계를 가지고 있습니다. 다시 풀어보면 신뢰는 능력과 정직성을 바탕으로 오랫동안 일관성 있게 이타적으로, 그리고 친밀하게 상대를 대할 때 비로소 싹튼다는 것을 알 수 있습니다. 신뢰를 구축하려는 사람들이 가장 자주 실패하는 영역이 친밀감과 낮은 자기중심성이라는 점도 눈여겨볼 만합니다.

행복하게 살아가기 위한 5가지 조건

어느 철학자가 행복하게 살아가기 위한 조건으로 다음의 5가지를 들었다. 첫째는 먹고 입고 살기에 조금은 부족한 재산이고, 둘째는 모든 사람이 칭찬하기에는 약간 부족한 외모이다. 셋째는 자신이 생각하는 것보다 절반밖에 인정받지 못하는 명예이며, 넷째는 남과 겨루었을 때 한 사람에게는 이기고 두 사람에게는 질 정도의 체력이다. 마지막으로 다섯째는 연설을 했을 때 듣는 사람의 절반 정도만 박수를 보내는 말솜씨이다.

– 윤영걸, '30대가 아버지에게 길을 묻다'에서

촌철활인 | 한 치의 혀로 사람을 살린다

5가지의 공통점은 바로 부족함에 있습니다. 최인호 소설 '상도'에 나오는 술잔의 70%만 채워야 한다는 계영배戒盈盃의 지혜와 같은 맥락이라 할 수 있습니다. 행복의 최적조건을 찾는 일리노이 대학 연구에서도 약간의 걱정과 고민이 건강에 이롭다는 결론을 내렸다 합니다. 약간의 부족은 적절한 긴장과 노력을 가져온다는 점에서 일리가 있다고 여겨집니다.

비난이 칭찬보다 안전하다

비난이 칭찬보다 안전하다. 하나부터 열까지 나에게 불리한 말을 듣는 동안에는 성공할 것 같은 확신이 든다. 그러나 꿀처럼 달콤한 칭찬의 말을 들으면 아무런 대책 없이 적 앞에 나선 사람처럼 느껴진다. 우리가 굴하지 않는 한, 모든 해악은 은인과 같다. 칭찬의 유혹에 저항하는 만큼 우리의 힘은 강해진다.

– 랄프 왈도 에머슨, '스스로 행복한 사람'에서

촌철활인 | 한 치의 혀로 사람을 살린다

누구나 칭찬 듣는 것을 좋아합니다. 대부분의 사람은 비난받는 것을 싫어합니다. 따라서 사람들은 타인에게 도움이 되는 듣기 싫은 소리는 적게 하는 반면, 상대에게 큰 도움이 되지 않는 칭찬은 많이 하게 됩니다. 싫은 소리를 들을 줄 아는 소수만이 남과 다른 성취를 하게 됩니다.

나를 비판하는 사람이야말로 진정 나를 돕는 자다

평소 제자 안회를 지극히 아낀 공자가 그에 대해 이렇게 평한 바 있다. "안회는 나에게 도움을 주는 사람이 아니다. 나의 말에 기뻐하지 않는 바가 없으니." 진리를 향해 나아가는 데에는 동조자보다 비판자가 도움이 된다. 비판을 좋아해야 진리를 향해 나아갈 수 있다.

– 이남곡, '논어, 사람을 사랑하는 기술'에서

촌철활인 | 한 치의 혀로 사람을 살린다

보통 사람들은 비판자를 싫어하고 동조자는 자신을 돕는다고 여겨 좋아합니다. 그러나 거리낌 없이 비판을 해줄 수 있는 사람이야말로 진정 나의 발전을 돕는 고마운 존재입니다. 비판자를 곁에 두고 중용할 수 있어야 위대한 리더의 반열에 오를 수 있습니다.

기쁜 마음으로 꾸중 듣기

상사들이 나에게 엄격한 요구를 하는 것은 그만큼 나에게 많은 기대를 걸고 있다는 뜻이다. 나쁜 감정으로 이를 대하거나 불만 가득한 표정으로 상사를 대해서는 안 된다. 혼나면서도 상사가 들려주는 주옥같은 경험들과 이야기를 경청해야 한다. 그리고 그에게 감사하며 그의 말에 따르려고 노력해야 한다.

– 류가와 미카, '서른 기본을 탐하라'에서

촌철활인 | 한 치의 혀로 사람을 살린다

상사에게 혼나는 시간은 상사로부터 그의 경험과 그가 일을 처리하는 방법을 들을 수 있는 소중한 시간이기도 합니다. 꾸중 듣는 것을 꺼려하면 상사는 나에게 소중한 경험을 들려주는 것을 주저하게 됩니다. 또한 나에 대한 기대 수준을 낮추게 됩니다. 용맹한 사자로 성장할 수 있는 기회를 스스로 차버리는 것과 같습니다. 욕먹을 줄 알아야 큰일을 하게 됩니다.

비판은 들을수록 좋다

곰팡이는 통풍이 되지 않는 곳에서 자라고 번식한다. 비판이라는 바람이 불어오지 않는 폐쇄적인 곳에서는 반드시 부패와 추락이 태어나 거침없이 자란다. 비판은 깊은 의심에서 나온 심술이나 고약한 의견 따위가 아니다. 비판은 바람이다. 이마를 시원하게 식히기도, 눅눅한 곳을 건조시키기도 하여 나쁜 균의 번식을 억제하는 역할을 한다. 그렇기에 비판은 쉼 없이 들을수록 좋다.

– 니체

촌철활인 | 한 치의 혀로 사람을 살린다

공자 역시 다음과 같이 자유롭게 비판할 수 있는 분위기를 강조합니다. "리더가 제멋대로 행동하며 잘못을 저지르고 있음에도 불구하고 리더의 권력이 두려워 아무도 비판하지 못한다면 그 집단은 필연코 쇠퇴한다."

듣기 싫은 소리를 하면 보너스를 주라

듣기 싫은 소리를 하는 사람에게 보너스를 듬뿍 주어라. 당신이 하는 투자 중에서 가장 현명한 투자가 될 수도 있다.

— 로버트 맥매스(미국 마케팅전문가), 'What were they thinking?'에서

촌철활인 | 한 치의 혀로 사람을 살린다

중국 속담에 "면전에서 비판할 수 있는 친구를 가진 선비는 절대 명성을 잃지 않는다."는 말이 있다고 합니다. 순자의 '수신'편에 나오는 경구도 함께 살펴보세요. "잘못을 지적해주는 자는 나의 스승이다. 옳은 일을 지적해주는 자는 나의 친구이다. 나에게 아첨하는 자는 나의 적이다."

실패를 통해 더 크게 성장하는 법

성공은 그릇이 가득 차는 것이고, 실패는 그릇을 쏟는 것이다. 그러나 한편으로 생각하면 성공은 가득히 넘치는 물을 즐기는 도취임에 반하여, 실패는 빈 그릇 자체에 대한 냉철한 성찰이다. 성공에 의해서는 대개 그 지위가 커지고, 실패에 의해서는 자주 그 사람이 커진다는 역설을 믿고 싶다.

— 신영복, '처음처럼'에서

촌철활인 | 한 치의 혀로 사람을 살린다

인간은 실패를 통해서 성장하는 동물이지만, 비슷한 실패를 반복해서는 성장할 수 없습니다. 트위터 본사에는 "내일은 더 좋은 실수를 하자let's make better mistake."라는 문구가 걸려 있습니다. 실패에서 제대로 배워야 한다는 의미와 더불어, 실패를 두려워하지 않고 끝없이 새로운 도전을 해야 앞으로 나아갈 수 있다는 뜻으로 해석됩니다. (유영만, '생각지도 못한 생각지도'에서)

실패에서 배우는 트리핑 포인트

트리핑 포인트(Tripping point)는 '인생을 살다가 엉덩방아를 찧으면서 퍼뜩 실수라는 것을 깨닫는 순간'을 말한다. 지위고하를 막론하고 조직의 위대한 리더들은 하나같이 실패를 중요한 깨달음의 순간으로 삼는다. 실패의 충격 속에서 리더는 배우고 변화한다.

– 필 도라도, '리더십 에센스'에서

촌철활인 | 한 치의 혀로 사람을 살린다

실패를 통한 배움Learning from failure은 격변의 시대를 살아가는 현대인에게 반드시 필요한 일입니다. 그러나 실패에서 배우는 것보다 더욱 중요한 것은 실패를 툴툴 털고 일어나 다시 계속해서 전진하는 것입니다.

실패 사례를 놓치지 마라

인간은 지혜를 돈으로 사든지 아니면 빌릴 수 있다. 돈으로 사는 경우 개인적 시간과 재산을 들여가며 에누리가 없는 정가로 산다. 그러나 단지 빌리는 경우에는 타인들이 겪은 실패로부터 값진 교훈을 얻는다.

— 벤자민 프랭클린

촌철활인 | 한 치의 혀로 사람을 살린다

서양 사람이 말한 타산지석他山之石의 지혜라 할 수 있습니다. 실수를 통한 학습과 관련하여 좋은 글이 있어 함께 보내드립니다. "똑똑한 사람과 바보를 가장 확실하게 구분하는 것은 바보는 늘 같은 실수를 되풀이하는 반면, 똑똑한 사람은 늘 다른 실수를 한다는 것이다."(카를 하인리히 바거를)

실패 체험을 통해 인재를 키운다

다시 강조하지만 인간은 실패를 통해 배운다. 나는 일부러 실패와 아픈 기억을 만들어 줌으로써 인재를 키우고 있다. 우수한 직원일수록 수많은 실패 체험을 시킨다. 그것은 기대의 반증이기도 하다.

— 고야마 노보루, '사장이 희망이다'에서

촌철활인 | 한 치의 혀로 사람을 살린다

참 쉽지 않은 일입니다. 그러나 실제 많은 경영자들은 일부러 역경을 만들어 줌으로써 인재들을 키우고 있습니다. 그들은 알면서도 잠시 동안 인기 없는 리더로서 생활하고, 일부러 부하직원과의 갈등상황을 조장하기도 합니다. 욕을 먹으면서도 리더를 양성하기 위해 자신을 희생할 줄 아는 리더들에게 박수를 보냅니다.

역경은 뛰어넘기 위해 존재한다

역경은 뛰어넘기 위해 존재한다. 그러므로 지금 당장 역경에 맞붙어서 싸워라. 일단 싸우다 보면 그것을 극복할 수 있는 방법을 찾게 될 것이다. 몇 번이고 역경과 씨름하는 가운데 힘과 용기가 용솟음치게 된다. 그리하여 자신도 모르게 정신과 인격이 완벽하게 단련되는 것을 느낄 수 있게 되리라.

— 린더스트(법률가)

촌철활인 | 한 치의 혀로 사람을 살린다

겨울에 자란 나무는 좁은 나이테를 만들며 단단하게 자라고 경사지에서 자란 수박은 굴러 떨어지지 않기 위해 더욱 싱싱하게 성장합니다. 우리 또한 역경을 극복하면서 배워나갑니다. 하나의 역경을 극복하면 거기서 새로운 역경과 대결할 수 있는 방법을 찾게 됩니다. 역경이란 사람을 단련시키는 소중한 시련입니다.

편안한 환경에선
강한 인간이 만들어지지 않는다

쉽고 편안한 환경에서는 강한 인간이 만들어지지 않는다. 시련과 고통의 경험을 통해서만 강한 영혼이 탄생하고, 통찰력이 생기고, 일에 대한 영감이 떠오르며 마침내 성공할 수 있다.

— 헬렌 켈러

촌철활인 | 한 치의 혀로 사람을 살린다

카를 힐터의 글을 함께 보내드립니다. "위대한 사상은 반드시 커다란 고통이라는 밭을 갈아서 이루어진다. 갈지 않고 그냥 둔 밭은 잡초만이 무성할 뿐이다. 사람도 고통을 겪지 않고서는 언제까지나 평범함과 천박함에서 벗어나지 못한다. 모든 고통은 차라리 인생의 벗이다."

시련이 많다는 건 운이 좋은 일이다

나는 오뚝이 인생을 살아왔다. 시련은 성장의 기회고, 행복은 성장의 대가다. 시련이 많다는 건 운이 좋은 일이다. 더 크게 성장할 수 있기 때문이다. 이 시련도 또 흘러간다. 기회는 언제나 있다.

— 박찬호, 뉴욕 양키스 방출 직후 올린 글

촌철활인 | 한 치의 혀로 사람을 살린다

"이 세상의 거의 모든 성공스토리는 문제나 장애를 똑바로 인식하고 그 문제를 기회로 바꾼 사람들에 의해 창조되었다."라는 글을 본 적이 있습니다. 그렇게 보면 문제나 장애는 성공스토리를 빛내주는 훌륭한, 아니 절대 필요한 소재라 할 수 있습니다.

시련과 역경이 최고를 만들어낸다

최고가 탄생되는 여정에는 언제나 최악의 시련과 역경이 맞물려 있다. 큰일을 하려는 사람에게 신은 먼저 시련과 역경을 경험하게 한다. 그 앞에서 어떤 자세와 태도를 갖는지, 그리고 그런 시련과 역경을 어떻게 극복하는지를 유심히 지켜본다. 그러고 나서 신은 그 사람에게 의미심장한 기회를 선물로 준다.

– 유영만(한양대 교수)

촌철활인 | 한 치의 혀로 사람을 살린다

최악의 시련은 최고가 되기 위해 반드시 경험해야 하는 필수 코스라 할 수 있습니다. 어려운 일일수록 가치 있고 소중한 경험과 지혜를 안겨주고 떠나갑니다. 특히나 역경과 시련은 나를 담금질 시켜 그릇을 키워주고, 겸손이라는 미덕을 주고 떠난다는 점에서 하늘이 내린 선물이라 할 수 있습니다.

인간은 뛰어넘은 역경의
숫자만큼 강해진다

인간은 뛰어넘은 역경의 숫자만큼 강해진다. 그 숫자가 많으면 많을수록, 어떠한 상황에서도 지지 않는 강한 사람이 된다. 그러니까 인생에서 성공하는 사람이 된다는 것은 역경을 많이 극복한다는 것과 같은 뜻이기도 하다.

– 기타가와 야스시, '편지가게'에서

촌철활인 | 한 치의 혀로 사람을 살린다

성공한 사람들은 한결같이 말합니다. "역경이 나를 키웠다."라고…. 세계적 소프라노 조수미 역시 같은 이야기를 합니다. "유학 초기에 너무나 어렵고 외로웠지만 그 시절이 저를 강하고 단단하게 만들었어요. 아픔을 모르는 사람은 절대 좋은 음악을 할 수 없어요. 요즘 젊은 연주자들에게 이 얘기를 꼭 해주고 싶어요."

아름답다는 찬탄을 불러일으키는 정원수의 비밀

언젠가 조경 전문가에 들은 이야기다. "야, 저 소나무 굉장히 멋있다. 아주 멋지다." 해서 정원에 가져다 심는 나무들은 하나같이 비정상적으로 발육된 나무란다. 악조건을 무릅쓰고 생존하기 위하여 뒤틀리며 성장한 나무들인 것이다.

— 차동엽(신부), '희망의 귀환'에서

촌철활인 | 한 치의 혀로 사람을 살린다

영국시인 바이런은 "시련이란 진리로 통하는 으뜸가는 길이다."라고 했습니다. 차 신부는 "말쑥하게 잘 자란 사람은 신의 눈에는 별로이고, 신은 고통과 역경을 이겨낸 이들, 그 한가운데를 헤쳐나간 이들에게 훨씬 더 큰 매력을 느낄 것"이라 말합니다.

편안함을 느끼는 순간 뇌는 활동을 멈춘다

무슨 일이든 결국에는 적응하게 되죠. 그런데 그 점이 우리의 개성과 지성을 발전시키는 데 큰 장애물이 된다는 겁니다. 누구나 편안하다고 느끼는 순간 두뇌는 활동을 멈추게 됩니다.

— 에란 카츠, '천재가 된 제롬'에서

촌철활인 | 한 치의 혀로 사람을 살린다

어떤 상황에 처하든 스스로 헤쳐 나갈 수 있는 적응력이야말로 인간을 다른 생명체와 구별해주는 대표적 강점이라 할 수 있습니다. 그러나 아이러니하게도 그 적응력이 더 큰 성장을 가로막는 장애물로 기능하기도 합니다. 이 정도면 충분하다는 생각이 드는 순간 스스로에게 경고음을 보내주는 자동 경보장치를 미리 마련해 두어야 하겠습니다.

시련이 운명을 결정한다

누구나 커다란 시련을 당하기 전에는 진정으로 참다운 인간이 못된다. 그 시련이야말로, 자기가 존재하는 것을 인식하고, 동시에 자신의 위치를 결정하고 규정하는 계기가 된다. 즉 그의 운명이나 지위가 이때 결정된다. 따라서 커다란 시련을 겪기 전에는 누구나 어린아이에 지나지 않는다.

― 자코모 레오파르디(이탈리아 시인)

촌철활인 | 한 치의 혀로 사람을 살린다

삶은 고해苦海입니다. 이것은 이 세상에서 가장 위대한 진리 중 하나입니다. 진정으로 삶이 힘들다는 것을 알게 되면 삶은 더 이상 힘들지 않게 됩니다. 일단 받아들이게 되면 삶이 힘들다는 사실은 더 이상 문제가 되지 않기 때문입니다.(M. 스캇 펙, '아직도 가야할 길'에서)

안락은 악마를 만들고
고난은 사람을 만든다

뜨거운 가마 속에서 구워낸 도자기는 결코 빛이 바래는 일이 없다. 이와 마찬가지로 고난의 아픔에 단련된 사람의 인격은 영원히 변하지 않는다. 안락은 악마를 만들고 고난은 사람을 만드는 법이다.

– 쿠노 피셔(독일의 철학자)

촌철활인 | 한 치의 혀로 사람을 살린다

성품은 편안함과 조용함을 통해서는 개발될 수 없습니다. 오직 시련과 고난의 경험을 통해 우리는 강해집니다. 쇠는 불에 달구어야 강해집니다. 추운 겨울을 보낸 봄 나무들이 더 아름다운 꽃을 피웁니다.

우리를 강하게 단련시키는 것

인생에는 여러 가지 악과 독이 존재한다. 증오, 질투, 아집, 불신, 냉담, 탐욕, 폭력…. 혹은 모든 의미에서의 불리한 조건과 장애. 이것들은 대개 역겨움과 분노의 씨앗이 되지만, 그 같은 악과 독이 존재하기에 사람은 극복할 기회와 힘을 얻고, 이 세상을 살아갈 수 있을 만큼 강하게 단련된다.

– 니체, '니체의 말'에서

촌철활인 | 한 치의 혀로 사람을 살린다

거센 바람과 거친 날씨가 하늘을 찌를 듯이 높이 자란 나무를 키웠고, 호우와 강한 햇살, 태풍과 천둥이 벼를 익게 합니다. 사람도 마찬가지입니다. 강한 인간으로 성장하기 위해서 때로는 악과 독이 자양분이 되기도 합니다.

대나무처럼 살라

대나무가 가늘고 길면서도 모진 바람에 꺾이지 않는 것은 속이 비었고 마디가 있기 때문이다. 속이 빈 것은 욕심을 덜어내어 가슴을 비우라는 뜻이었다. 또한 사람마다 좌절, 갈등, 실수, 실패, 절망, 아픔, 병고, 이별 같은 마디가 없으면 우뚝 설 수 없다는 뜻이었다.

– 김홍신, '인생사용 설명서'에서

촌철활인 | 한 치의 혀로 사람을 살린다

김홍신 선생은 성철스님으로부터 "대나무처럼 살라."라는 화두를 받았다 합니다. 그는 오랜 사색 끝에 '비워야 채울 수 있고 틈이 있어야 비집고 들어갈 수 있다. 대나무에 마디가 없다면, 얼마 자라지 못해 모진 바람에 꺾일 수밖에 없다.'는 깨달음을 얻었습니다. 그렇습니다. 고뇌가 우리를 강하게 만들어주고 미래를 개척해주며 우리에게 살아갈 만한 가치를 제공해줍니다. 병마도 즐기고, 좌절과 아픔도 벗하며 슬픔과도 어우러져 살 줄 알아야 합니다.

일찍 피는 꽃은 일찍 진다

아침에 햇볕을 먼저 받는 곳은 저녁때 그늘이 먼저 지고, 일찍 피는 꽃은 그 시듦도 빠르다는 것이 진리이다. 운명은 돌고 돌아 한 시각도 멈추지 않는 것이니 이 세상에 뜻이 있는 사람은 한때의 재난 때문에 청운의 뜻까지 꺾어서는 안 된다.

– 정약용, '내가 살아온 날들'에서

촌철활인 | 한 치의 혀로 사람을 살린다

급속히 변화하는 세상은 긴 호흡으로 멀리 내다보는 것을 방해하고 가까이 있는 것에 시선을 집중하게 합니다. 그러나 승자는 늘 멀리 보는 사람들입니다. 당장의 희열보다는 장기적 성장의 기쁨을 추구하고, 당장의 시련은 피해야 할 것이 아니라 더 큰 발전을 위해 달게 받아들일 수 있는 담대함이 필요합니다.

일정한 자극은 발전을 가져온다

미국 캘리포니아에서 아메바가 자라는 조건에 대한 연구를 위해 첫 번째 물통에는 물의 온도와 습도, 물의 높이와 다른 조건들을 주의 깊게 살피면서 아메바가 자라기에 가장 좋은 조건을 제공했다. 다른 물통 속의 아메바는 온도와 습도가 급격히 변화하는 환경에서 자라도록 내버려 두었다. 예상과 달리 첫 번째 물통의 아메바들이 더 빨리 죽는 놀라운 결과가 나타났다.

– 조원기, '내 삶의 열정을 채워주는 성공학 사전'에서

촌철활인 | 한 치의 혀로 사람을 살린다

식물도 물을 너무 많이 주면 게을러진다는 연구결과도 있습니다. 너무 안락한 환경은 정체와 쇠퇴를 가져오는 반면 환경에 적응하려는 노력은 성장을 촉진합니다.

부귀와 빈천
그 자체는 아무것도 아니다

부귀는 칼날이나 창과 같다. 조금이라도 방종하게 굴면 나의 뼈와 살을 녹이건만 그럼에도 이를 알아차리지 못한다. 빈천은 곧 침폄(침을 놓아 치료하는 것)이나 약석(藥石;약과 침) 같은 것이어서 조금일지라도 근심하여 부지런히 하기만 한다면 그것이 나의 절조와 행동을 갈고 닦아주고 있음에도 알아차리지 못한다.

– 임동석, '석시현문'에서

촌철활인 | 한 치의 혀로 사람을 살린다

인생의 성공과 행복은 조건이 아닌 나의 마음가짐에 의해 결정됩니다. 빈부도, 남과의 비교도, 좋은 조건도 아닌, 오로지 나의 마음가짐에 의해 세상의 모든 것은 보석이 되기도 하고, 재앙이 되기도 합니다.

조영탁의 행복한 경영이야기
인간관계 편

3 PART

인간관계 스킬 업

(human skill up)

대접받고 싶은 대로 대접하라

칭찬은 귀로 먹는 보약이다

이청득심(以聽得心), 경청으로 마음을 사라

친절과 미소, 감사로 섬겨라

대접받고 싶은 대로
대접하라

인간관계의 황금률

실제 생활에서 리더들에게 줄 수 있는 가장 실제적인 충고는 이것이다.
볼모를 볼모로, 왕자를 왕자로 대하지 말고, 모든 사람을 사람으로 대하라.

— 제임스 번즈(James M. Burns)

촌철활인 | 한 치의 혀로 사람을 살린다

'존중받고 싶은 만큼 남을 먼저 존중하라'라는 것은 가히 경영의 황금률이라 할 수 있습니다. 사람들은 물질적 혜택보다는 타인으로부터 존중받기, 다양한 업무 경험, 자기 계발 등에 의해 더 많이 동기부여됩니다. 그중에서도 타인으로부터 존중받고자 하는 욕구는 그 무엇과 비견할 수 없을 정도로 중요합니다. 따라서 진정으로 헌신과 몰입을 이끌어 내려면 가식이 아닌 마음속으로부터의 존중과 배려가 필요합니다.

화초를 대하듯 사람들을 대하라

만족감 및 동기부여의 열쇠는 기본 예의를 갖춰 사람들을 대하는 데 있다. 공을 들여 키워야 하는 화초보다 인간은 더 민감한 존재다. 화초를 대하듯 사람들을 대하라. 그러면 활짝 피어날 것이다.

– 조 앤더슨(경영인 위원회 TEC 회장)

촌철활인 | 한 치의 혀로 사람을 살린다

경영의 큰 트렌드는 인간, 영혼, 정신으로 이동하고 있습니다. 직원들은 모두 정서와 감정을 가진 인격체입니다. 아무리 건강한 사람이라 해도 감정을 집에 두고 나올 수는 없습니다. 모든 직원을 인격체로 대해야만, 정서에너지라는 엄청난 동력을 이끌어 낼 수 있습니다.

남에게 대접받고 싶은 대로
남들을 대하라

구약성서, 신약성서 모두 남에게 대접받고 싶은 대로 남들을 대하라고 가르친다. 이 가르침은 종교 또는 윤리적 행동에만 국한되는 것이 아니라 훌륭한 리더십과도 깊은 관계가 있다. 왜냐고? 사람들은 자신을 제대로 대접하지 않는 리더를 따르지 않기 때문이다. 이것이 '경영의 황금률(Golden Rule system of management)'이다.

— 메리케이 애쉬(메리케이 애쉬 화장품 창업회장)

촌철활인 | 한 치의 혀로 사람을 살린다

리더십 사례 중에 가장 많이 인용되는 여성, 우수 판매 사원에게 핑크 캐딜락을 선물하는 것으로 유명한 메리케이 화장품 회사의 회장 메리케이 애쉬는 "나는 직원들을 만날 때마다 그들의 가슴에 '나는 존중받고 싶다'라고 쓰인 목걸이를 차고 있다고 생각하고, 그들을 대한다."라는 말로 더욱 유명합니다.

행복한 세상을 만드는 간단한 방법

이제 우리는 아주 쉽게 이 세상의 행복수치를 증가시킬 수 있다. 어떻게 그렇게 할 수 있냐고? 외롭거나 용기를 잃은 누군가에게 진심으로 존중하는 몇 마디의 말을 건네는 것, 그것으로 충분하다. 오늘 누군가에게 무심코 건넨 친절한 말을, 당신은 내일이면 잊어버릴지도 모른다. 하지만 그 말을 들은 사람은 일생 동안 그것을 소중하게 기억할 것이다.

– 데일 카네기(Dale Carnegie)

촌철활인 | 한 치의 혀로 사람을 살린다

이 세상을 바꾸는 것, 다른 사람의 마음을 사는 일이 꼭 그렇게 거창하고 어려운 일이 아닐 수도 있음을 말해주고 있습니다. 진심으로 사람을 존중하고 남을 배려하는 마음을 갖는 것, 그리고 그것을 실천하는 작은 노력들만으로도 이 세상은 살기 좋은 곳, 행복한 세상으로 바뀌게 됩니다.

손익계산서는 사람과 사랑이다

메리케이 애쉬는 회사를 한 가족으로, 즉 영원히 함께해야 할 유기적 공동체로 보았다. 그녀는 P&L이 '손익계산서(P&L: Profit & Loss, 혹은 PL)'가 아닌 '사람과 사랑(People & Love)'을 의미한다고 주장했다.

– '핑크 캐딜락의 여인'에서

촌철활인 | 한 치의 혀로 사람을 살린다

메리케이 애쉬 회장은 이익은 중요하지만, 목적에 도달하기 위한 수단일 뿐이라고 생각했습니다. 조직원들에게 아낌없이 투자하여 신뢰와 충성의 고리를 만들고, 직원의 가족에서부터, 수천만 명의 고객까지를 하나의 가족으로 만들어 나가는 것, 그것이 바로 기업의 궁극적 목적이라 생각했습니다.

사람의 마음을 얻는 방법

세상에서 가장 얻기 어려운 것이 사람의 마음이다. 아무리 많은 돈을 줘도 살 수 없다. 마치 연애하는 것처럼 내 마음을 먼저 주지 않는 이상 다른 사람의 마음을 얻을 수 없다. 직원들이 회사를 사랑하기를 원한다면 회사가 먼저 직원들을 사랑해야 한다.

– 장루이민(하이얼 회장), '세계를 제패한 하이얼의 비밀'에서

촌철활인 | 한 치의 혀로 사람을 살린다

장루이민 회장은 다음과 같은 세 가지 마음을 합쳐 직원의 충성심을 이끌어낸다고 말합니다. "도와줄 때는 따뜻한 마음으로, 지적할 때는 진실한 마음으로, 가르칠 때는 이해하는 마음으로"

꽃밭에서 꽃을 가꾸는 사람

인적자원이 가장 중요한 미래의 지식기반 경제에서 경영자의 가장 중요한 역할은 인적자원의 개발, 즉 Empowerment이다. 경영자는 한 손에는 물뿌리개를, 다른 한 손에는 비료를 들고 꽃밭에서 꽃을 가꾸는 사람과 같다.

– 잭 웰치(GE 전 회장)

촌철활인 | 한 치의 혀로 사람을 살린다

읽어볼 때마다 가슴이 뭉클한 글귀입니다. 자신이 가진 시간의 75% 정도를 인적자원 관련 업무에 쏟았다는 잭 웰치…. 이 정도의 관심과 배려, 임파워먼트와 성장에 대한 지원이면 감동하지 않을 직원이 없지 않을까요? 진정한 리더십은 부하의 성장에 대한 아낌없는 배려와 성장이 아닌가 생각합니다.

남을 나보다 더 먼저 생각하는
멋진 세상

남의 나라를 내 나라처럼 대하고, 남의 집을 내 집처럼 대하며, 남의 몸을 내 몸처럼 대하면 세상의 모든 혼란과 다툼, 전쟁이 사라진다.

— 묵자

촌철활인 | 한 치의 혀로 사람을 살린다

여당이 야당을 더 생각해주고, 정치인이 국민을 먼저 생각하고, 남편이 자신보다 아내를 생각하고, 회사가 고객을 먼저 생각하고, 사장이 회사 이익보다 직원을 먼저 생각한다면…. 그 역逆도 역시 성립하지 않을까요? 나보다 상대를 먼저 생각해주는 사람들이 많아질 때 세상은 살기 좋은 곳으로 바뀔 것입니다.

관심이 신바람을 불러온다

25년 전 창업했을 때 나에게는 돈, 기술, 상품 등 사업을 성공시킬 것이라곤 아무것도 없었다. 나는 이때 한국인을 똘똘 뭉치게 하는 '신 끼(신바람)'에 주목했다. 그 이후로 오늘까지 가장 중요한 자산인 직원을 사랑하고, 또 사랑하고, 또또 사랑함으로써 지속적으로 신바람을 불러일으켰다. 또또 사랑이야말로 웅진의 경영정신이며, 제1성공요인이다.

— 윤석금(웅진그룹 회장)

촌철활인 | 한 치의 혀로 사람을 살린다

경영자의 경영철학과 이념, 핵심가치 등이 기업의 성공을 이끈다는 것은 이제 누구나 아는 상식이 되었습니다. 그러나 같은 이념과 철학이라 해도 같은 결과를 낳지는 않습니다. 윤 회장 사례처럼, 절박한 상황에서 혼을 불어넣어 만든 이념과 철학, 그리고 오랜 시간 동안 변치 않고 몸소 실천하는 생활이 뒷받침되어야만 비로소 그 생명력을 가질 수 있습니다.

부하 직원에게 쓴 만큼 번다

부하 직원들에게 쓴 만큼 번다. 내 시간·돈·노력을 나눠주면 그 이상이 돌아온다. 그냥 시간을 내 이야기만 들어줘도 업무 성과가 올라간다. 그보다 더 좋은 투자는 없다. 난 경험적으로 이 사실을 깨달았다. 전에 근무하던 회사에서 인센티브가 나왔는데 너무 많이 받았다는 생각이 들어, 카메라를 사서 전 직원에게 하나씩 돌렸더니 그 이후 모든 일이 이상하게 성공적이었다.

— 손영진(시스코코리아 사장)

촌철활인 | 한 치의 혀로 사람을 살린다

일종의 아이러니입니다. 먼저 주면 반드시 그보다 더 큰 보상을 받게 됩니다. 그러나 사소한 이익을 얻기 위해 다투면 당장은 얻는 것이 있더라도 장기적으로는 크게 잃을 가능성이 커집니다. 구성원 모두가 항상 나보다는 남을, 우리 팀보다는 다른 팀을 먼저 생각하는 사람이 된다면 모두가 승리하는 기쁨을 맛볼 수 있습니다.

자기에게 관심을 보이는 사람에게 관심을 보인다

당신이 대화를 나누는 사람은 당신이나 당신의 문제보다는 그들 자신과 자신의 요구, 자신의 문제에 백 배나 많은 관심을 갖고 있다는 사실을 명심하라. 누군가의 치통은 백만 명의 목숨을 앗아간 빈곤국의 굶주림보다 당사자에게 더 큰 의미를 지닌다. 그 사람의 목에 난 종기 하나는 아프리카에서 발생한 40여 차례의 지진보다 큰 관심의 대상이다. 누군가와 대화를 나눌 때 항상 이 점을 명심하라.

– 데일 카네기

촌철활인 | 한 치의 혀로 사람을 살린다

아무리 아이스크림이나 사탕을 좋아하는 사람도 미끼는 물고기가 좋아하는 지렁이나 떡밥을 쓰는 법입니다. 상대의 기분을 이해하는 순간, 상대는 당신의 모든 말에 귀를 기울일 것입니다. 내가 선호하는 방식을 강요하는 대신 상대방의 입장에서 사물을 보는 자세가 필요합니다.

좋은 인간관계를 유지하고 싶다면

사람은 누구나 이기적이다. 사람은 누구나 다른 사람보다는 자기 자신에게 더 관심이 많다. 사람은 누구나 다른 사람들로부터 존경과 인정을 받고 싶어 한다. 좋은 인간관계를 유지하고 싶다면 이 3가지 사실을 확실히 기억하라.

– 레스 기블린

촌철활인 | 한 치의 혀로 사람을 살린다

이 세 가지 진리를 바꿀 수 있는 사람은 이 세상에 없습니다. 친구, 고객, 동료, 상사 누구를 만나든 만나기 전에 이 세 가지 진리를 되새기며 호흡을 가다듬는 습관을 들여 보십시오. 그러면 어떤 사람을 만나든 반드시 원하는 것을 얻게 될 것이고, 그 사람과 좋은 인간관계를 유지할 수 있을 것입니다.

처음 30초의 법칙

우리는 누구나 자신에게 주의를 기울이고 지지, 공감해주는 사람을 만나면 호감을 갖게 된다. 사람을 만나면 처음 30초 동안은 온전히 그 사람에게 집중해 보라. 어떤 식으로든 그의 말에 동의하고, 공감을 표현해 보라. 놀라울 정도로 긍정적인 반응을 보게 될 것이다.

– 존 맥스웰, '매일 읽는 맥스웰 리더십'에서

촌철활인 | 한 치의 혀로 사람을 살린다

사람이 따르는 사람들은 자신보다 상대방에게 초점을 맞춥니다. 그들은 항상 상대방에 대해 질문하고 상대의 말에 귀를 기울입니다. 그들은 자신에게 관심이 집중되는 것을 원치 않습니다. 매일 사람을 만나기 전에 잠시 틈을 내어 상대의 기분을 북돋워 줄 수 있는 말이 무엇인지 찾아보는 노력을 해보면 어떨까요?

내가 싫은 것은 남에게 하지 말라

다른 사람들이 당신에게 했던 일 중 싫어했던 일을 생각해 보시고 그걸
남에게 되풀이하지 않도록 주의하세요. 대신 기분이 좋았던 일을 기억했다
가 다른 사람들에게 실천해 보세요.

— 디 호크(Dee Hock, 비자카드 설립자)

촌철활인 | 한 치의 혀로 사람을 살린다

세상에 쉬운 일은 없습니다. 그러나 낙숫물이 바위를 뚫듯이
올바른 일을 오랜 기간 계속해 나가면 언젠가는 모든 일이 이루
어집니다.

나에게 악하게 대하는 사람에게도 잘하는 사람

나에게 좋게 대하는 자에게 나 또한 착하게 대하고, 나에게 악하게 대하는 자에게도 나 또한 착하게 대할 것이다. 내가 이미 악하게 대함이 없으면, 남도 나에게 악함이 없다.

– 장자

촌철활인 | 한 치의 혀로 사람을 살린다

"오른쪽 뺨을 맞으면 왼쪽 뺨을 내주어라."라는 성경 말씀이 연상됩니다. 나에게 잘하는 사람에게 잘하는 것은 누구나 할 수 있습니다. 나에게 잘못하는 사람도 포용할 수 있는 사람이 큰 그릇을 가진 리더라 할 수 있습니다.

좋은 친구를 얻는 최고의 방법

분명히 누구나 친구를 원하겠지만 인생에서 친구를 찾아 나서면 친구는 드물다. 그러나 친구가 되겠다고 나서면 어디에나 친구가 있다. 당신은 아무도 바꿀 필요가 없다. 당신이 바뀌어 올바른 사람이 되면 다른 사람들이 당신에게 끌린다.

– 지그 지글러

촌철활인 | 한 치의 혀로 사람을 살린다

관심을 얻지 않으면 사람들의 마음을 움직이고 그들을 리드할 수 없습니다. 그런데 관심을 얻기 위해서는 먼저 상대방의 관심사에 깊은 관심을 보여야 합니다. 남이 당신에게 관심을 갖도록 노력하는 2년보다 당신이 다른 사람에게 관심을 갖는 두 달 동안 당신은 훨씬 더 많은 친구를 사귈 수 있습니다. (데일 카네기)

가까운 사람에게 더 잘하라

시간을 내어 가까운 사람들에게 애정을 표현하고 인정해주어라. 그들이 얼마나 소중한지 이야기해주어라. 그들에 대한 애정을 글로 써주어라. 등을 토닥여주고 괜찮다면 안아주어라. 표현을 하지 않아도 여러분의 사랑을 상대방이 알 것이라고 단정하지 마라. 직접 말로 표현하라. 사랑한다는 말은 아무리 많이 해도 지나치지 않다.

— 존 맥스웰

촌철활인 | 한 치의 혀로 사람을 살린다

'근자열 원자래近者悅 遠者來' 즉 "가까운 사람을 기쁘게 하면 멀리 있는 사람도 찾아온다."라는 공자님 말씀과 궤를 같이하고 있습니다. 흔히 '손안의 새'에 대해서는 최선을 다하지 않고, 또한 가까이 있는 영웅은 제대로 인정해주지 않는 것이 세상의 풍조라 할 수 있습니다. 구성원의 마음을 사는 진정한 리더십은 가까이 있는 것의 소중함을 깨닫는 데서 시작됩니다.

친구를 얻고 싶은가?
적을 만들고 싶은가?

적을 만들기 원한다면 내가 그들보다 잘났다는 사실을 증명하면 된다.
그러나 친구를 얻고 싶다면 그가 나보다 뛰어나다고 느끼게 해주어라.

– 라로슈푸코(La Rochefoucauld, 프랑스 작가)

촌철활인 | 한 치의 혀로 사람을 살린다

　지금도 직원들 앞에서 '내 말이 맞다' '그 좋은 아이디어는 원래 내 것이다'라고 내가 잘났다는 것을 증명하기 위한 유치한(?) 행동을 보일 때가 있습니다. 분명 내가 부하 직원보다 더 똑똑하다는 것을 증명하는 것이 목적이 아닐진대, 바보처럼 행동하는 나를 발견할 때마다 매우 부끄럽습니다. 다행히 인간관계도 훈련에 의해 개발될 수 있는 스킬이기에 꾸준히 노력해서 개선할 것입니다.

논쟁에서는 지는 것이 이기는 것이다

우리는 아무런 저항이나 감정 없이 스스로 우리의 생각을 바꾸는 경우가 자주 있다. 그러나 만일 다른 누군가 우리의 잘못을 지적하기라도 하면 몹시 분개하며 고집을 부린다. 우리는 믿음을 형성하는 데 있어서는 놀라울 만큼 경솔하지만, 누군가 우리의 믿음을 빼앗아 가려 할 때에는 그 믿음에 쓸데없이 집착하게 된다. 우리에게 소중한 것은 그 생각 자체가 아니라 다른 사람들에게서 도전받는 우리의 자존심이다.

– 제임스 하비 로빈스, '정신의 발달 과정'에서

촌철활인 | 한 치의 혀로 사람을 살린다

"나에게는 누구에게라도 그가 자신을 과소평가 하게 하는 말이나 행동을 할 권리가 없다. 중요한 것은 내가 그 사람에 대해서 어떻게 생각하느냐가 아니고, 그가 그 자신을 어떻게 생각하느냐 하는 것이다. 사람의 존엄성에 상처를 주는 것은 죄악이다." 작가 생 떽쥐베리의 글입니다. 설령 우리가 옳고, 상대편이 분명히 잘못했다 하더라도 그 사람의 체면을 잃게 하면 곧 그 자존심에 상처를 주게 됩니다. 논쟁에서는 지는 것이 이기는 것입니다.

틀린 것이 아니라 다른 것

두 사람이 서로 다른 점을 각자의 타고난 개성으로 인정하지 않고 틀린 점으로 취급하는 순간, 상처가 자리 잡기 시작한다. 처음 만났을 때의 마음처럼, '다르다'를 '다르다'로 기쁘게 인정하자. 세월이 흘러 '다르다'가 '틀리다'로 느껴진다면 이전보다 꼭 두 배만 배려하는 마음을 갖자.

– 최일도, '참으로 소중하기에 조금씩 놓아주기'에서

촌철활인 | 한 치의 혀로 사람을 살린다

'다름'을 '틀림'이 아닌 '다양성'으로 받아들이는 것, 그리고 '다름'을 저어하는 것이 아니라, 오히려 더 좋은 것으로 적극 환영할 수 있는 패러다임의 대전환이 필요합니다. 성숙한 사회에서는 다름을 갈등 유발 요인이 아닌 발전의 초석으로 받아들입니다.

차이를 사랑하는 것이 진정한 사랑이다

사랑이란 자신과 다른 방식으로 느끼며 다르게 살아가는 사람을 이해하고 기뻐하는 것이다. 자신과 닮은 사람을 사랑하는 것이 아니라 자신과는 대립하여 살고 있는 사람에게 기쁨의 다리를 건네는 것이 사랑이다. 차이를 부정하는 것이 아니라 그 차이를 사랑하는 것이다.

— 니체, '니체의 말'에서

촌철활인 | 한 치의 혀로 사람을 살린다

"가장 가까운 사람들 사이에도 무수한 차이가 있다는 사실을 깨닫는다면 훨씬 더 황홀한 삶이 전개될 것이다. 상호 간의 차이와 거리를 사랑할 수 있다면 상대방의 전부를 바라볼 수 있을 것이다." 릴케의 글입니다. 어디선가 읽은 "생각이 완전히 일치한다면 둘 중 한 명은 필요 없다."라는 글도 생각납니다. 차이는 미움이 아니라 사랑의 대상입니다.

서로 다른 것들이 모여
아름다움을 만든다

한 가지 소리는 아름다운 음악이 되지 못하고, 한 가지 색은 찬란한 빛을 이루지 못하며, 한 가지 맛은 진미(珍味)를 내지 못한다.

– 고대 철학자

촌철활인 | 한 치의 혀로 사람을 살린다

나와 다른 것은 불편함과 갈등의 원인이 됩니다. 하나로 통일되면 훨씬 빠르게 발전할 수 있습니다. 그러나 다양성을 잃어버린 생태계는 결국 소멸의 길을 걷게 됩니다. 협주곡이 듣기 좋은 이유는 여러 악기가 서로 자웅을 겨루면서도 조화를 이루기 때문입니다. 느리고 더디더라도 다름의 차이를 인정하고 같이 가는 것이 모두가 함께 사는 길입니다.

대하기 어려운 상대는
나를 단련시킨다

　　장점만 있는 사람도 없고, 단점만 있는 사람도 없다. 대하기 어렵고 거북한 사람일수록 자신에게 중요한 존재가 될 때가 많다. 나와 다르기 때문에 나에게 없는 무언가를 반드시 갖고 있다. 어렵고 불편한 사람은 다른 사람을 갈고 닦게 만드는 숫돌 같은 존재다. 화나게 하는 사람을 반면교사로 삼아라.

– 오모이 도오루, '서른 다섯, 지금 하지 않으면 반드시 후회하는 87가지'에서

촌철활인 | 한 치의 혀로 사람을 살린다 ●

　　프랑스 철학자 몽테뉴는 "현명한 사람이 어리석은 사람에게 배우는 것이, 어리석은 사람이 현명한 사람에게 배우는 것보다 많다."라고 말했습니다. 세상에 완벽한 사람은 없습니다. 사람은 누구나 장점과 단점을 가지고 있습니다. 나쁜 점이 7이라 하더라도 3정도는 좋은 점이 있기 마련입니다. 3은 배우고 7은 반면교사로 생각하면 됩니다.

서비스는 매뉴얼이 아니라
사람 됨됨이다

얼마 전 우리 회사는 'TGI 프라이데이'와 제휴를 맺었다. 그때 미국 본사에서 보내온 매뉴얼은 요리에 관한 것뿐, 서비스에 대한 것은 아무것도 없었다. "서비스는 매뉴얼이 아니라 사람 됨됨이다. 규칙은 오직 하나, 당신이 가장 사랑하는 사람처럼 고객을 대하라." 이 말을 TGI 최고 경영자에게 들었을 때의 감동을 아직도 잊을 수 없다.

– 와타나베 미키(와타미 그룹 회장), '서비스가 감동으로 바뀔 때'에서

촌철활인 | 한 치의 혀로 사람을 살린다

매뉴얼은 중요합니다. 그러나 고객을 자신이 가장 사랑하는 사람처럼 생각하는 마음에 비할 바는 아닙니다. 고객을 생각하는 마음이 넘쳐흐를 정도가 된다면 규칙은 그 존재의의를 상실할 것입니다.

칭찬은
귀로 먹는 보약이다

칭찬은 귀로 먹는 보약과 같다

지휘와 지도력에는 많은 능력과 자질, 그리고 기술이 요구된다. 추진력, 설득력, 판단력, 인지력 등등…. 그러나 잘한 일을 칭찬함으로써 얻어지는 격려와 높은 사기를 대신할 수 있는 것은 아무것도 없다.

– 레드 뉴먼(리더십 전문가이자 미 육군 소장)

촌철활인 | 한 치의 혀로 사람을 살린다

"수만 톤의 가시는 벌 한 마리 불러 모으지 못하지만 한 방울의 꿀은 수많은 벌떼를 불러 모은다."라는 서양 속담이 있습니다. 칭찬은 귀로 먹는 보약과 같습니다. 칭찬은 인간관계의 윤활유와 같고, 상처에 치료제를 발라주는 것과 같습니다. 칭찬은 인생을 춤추게 합니다. 칭찬만큼 효과적인 리더십 도구는 없습니다. 그런데도 생각만큼 많이 쓰이지 않고 있습니다.

칭찬 받으면 누구나 그 값을 한다

우리는 누구나 잘못을 저지르기 쉽다. 아홉 가지의 잘못을 찾아 꾸짖는 것보다는 단 한 가지의 잘한 일을 발견해 칭찬해 주는 것이 그 사람을 올바르게 인도하는 데 큰 힘이 될 수 있다.

– 데일 카네기(Dale Carnegie)

촌철활인 | 한 치의 혀로 사람을 살린다

누구나 잔소리를 들으며 일하는 것보다 칭찬을 들으며 일하기를 좋아합니다.(찰스 슈왑) 사람들은 비판을 해달라고 하지만 정작 듣고 싶어 하는 것은 칭찬입니다.(서머셋 모옴)

어느 누구도
칭찬 없이 살아갈 수 없다

누구나 살아가다 보면 최고의 순간을 맞이한다. 그 순간은 바로 누군가에게 격려를 받을 때이다. 아무리 위대하고, 유명하고, 성공했다 할지라도 누구나 찬사에 굶주려 있다. 격려는 영혼에 주는 산소와 같다. 격려 받지 못하는 사람에겐 훌륭한 일을 해내리라고 기대할 수 없다. 어느 누구도 칭찬 없이 살아갈 수 없다.

— 조지 매튜 애덤스(소설가)

촌철활인 | 한 치의 혀로 사람을 살린다

상하를 막론하고 사람은 누구나 칭찬을 먹고 삽니다. 반복적인 운동이 근육을 발달시키듯 일상적인 칭찬은 사람들의 자질과 인성을 강화시킵니다. 마음만 먹으면 모든 것이 칭찬의 대상이 될 수 있습니다. 칭찬거리를 찾는 걸로 하루를 시작해 보십시오.

능력 있는 상사는 칭찬의 달인이다

모든 의견을 말함에 있어 상대방이 자랑하는 점을 과장하고, 부끄러워하는 점을 절대 언급하지 않아야 한다는 사실을 명심하라. 상대방이 자신의 잘못을 이미 알고 있는 부분에 대해 그 과실을 거리낌 없이 말해서는 안 된다.

– 사마천, '용기를 샘솟게 하는 명언 한마디'에서

촌철활인 | 한 치의 혀로 사람을 살린다

훌륭한 리더는 칭찬에 능숙하다는 공통점을, 그 반대의 사람들은 상대의 결점을 지적하는 데 능숙하다는 공통점을 가지고 있습니다. 동양 최고 역사가의 결론이라 그 무게가 실로 심중하다 하겠습니다.

비판보다는
인정과 격려가 필요한 때입니다

상사의 비판만큼 의욕을 꺾는 일도 없다. 그래서 나는 비판하기보다 칭찬하는 것을 좋아한다. 나는 지금껏, 아무리 일하는 것을 즐거워하더라도 인정받기보다 비판을 받을 때 일을 더 잘하거나, 더 열심히 노력하는 사람은 본 적이 없다.

– 찰스 슈왑

촌철활인 | 한 치의 혀로 사람을 살린다

마크 트웨인은 한번 칭찬 듣는 것만으로 두 달을 살 수 있다고 말합니다. 동료와 상사 간에 서로 서로 칭찬하는 조직은 생기발랄하고, 그 결과 성과도 높아집니다. 켄 블렌차드는 일주일에 적어도 두 시간 정도는 따로 빼서, 즉 다른 약속들과 마찬가지로 달력에 직원들을 격려하는 시간으로 적어놓으라고 제안합니다.

최대한의 성과를 이끌어 내는 방법

현재의 모습 그대로 상대방을 대해주면 그 사람은 현 상태 그대로 남아 있을 것이다. 하지만 상대방이 할 수 있는 잠재능력대로 그를 대해주면 그 사람은 결국 그것을 이뤄낼 것이다.

– 괴테

촌철활인 | 한 치의 혀로 사람을 살린다

대부분의 사람들은 상사나 부모, 특히 자기가 좋아하고 따르는 사람이 기대하는 것만큼 이루기 위해 최대한의 노력을 기울입니다. 유명한 피그말리온 효과가 바로 그것입니다. 기대하는 목표 달성을 위해 채찍질할 것인가? 아니면 스스로 높은 기대와 자부심을 갖고 열심히 노력하게 할 것인가 둘 중 하나를 선택하는 것은 우리에게 달려있습니다.

급여보다 인정이 중요하다

주요 대기업의 직원들을 조사해본 결과 가장 중요한 동기요소가 '급여'라고 대답한 직원보다 '인정'이라고 대답한 직원들이 네 배나 많았다. 냉정한 기업세계에서 인정이라는 말이 얼마나 자주 등장하는지 살펴보면 재미있다. 직장을 그만 둔 다섯 사람 중 넷이 '자신을 인정해주지 않아서' 그만두었다고 말한다.

– 댄 베이커, '잘되는 회사의 사람들'에서

촌철활인 | 한 치의 혀로 사람을 살린다

결과만 중시하면 직원들의 열정은 싸늘하게 식어 버립니다. 직원들을 회사 일에 적극적으로 참여시키는 최고의 방법은 그들의 노력을 인정해주고 그에 대한 감사한 마음을 표하며 장점을 부각해주는 것입니다. 그러한 돈 안 들이는 투자(?)에 의해 충만한 직원들의 에너지는 회사의 재무실적으로 나타나게 되어 있습니다.

인정받고 싶은 욕망

지위가 높든 낮든 모든 사람은 비난보다 인정을 받을 때 더욱 노력하고 더욱 훌륭한 성과를 거둔다.

– 찰스 슈왑

촌철활인 | 한 치의 혀로 사람을 살린다

인간 본성의 가장 심오한 원칙은 인정받고 싶은 욕구입니다. 따라서 '바람직한 영향력을 행사하는' 리더십의 가장 중요한 요소는 인정입니다. 이는 우리 주변 세상, 동료, 팀원의 가장 좋은 점을 보는 능력에 다름 아닙니다.

만점을 주어라

자수성가한 100명의 백만장자들을 조사한 결과 한 가지 공통점을 발견할 수 있었다. 이들은 한결같이 사람들의 좋은 점만을 본다는 사실이다.

– 자크 위즐

촌철활인 | 한 치의 혀로 사람을 살린다

관련된 좋은 글을 함께 감상해 보세요. 나는 아버지로부터 수많은 칭찬과 인정을 받았는데, 단 한 번도 지겹거나 신물이 난 적이 없다.(톰 피터스) 인정받기보다 비판을 받을 때 일을 더 잘하거나, 더 열심히 노력하는 사람은 본 적이 없다.(찰스 슈왑) 지나치게 인정받아서 고민이 된다는 사람은 한명도 만나지 못했다.(도널드 클리프턴)

우리 모두는 격려를 필요로 한다

우리 모두는 격려를 필요로 한다. 어린 나무가 비료를 주지 않아도 말라죽지 않는 것처럼 우리도 격려 없이 살 수는 있다. 그러나 따뜻한 보살핌을 받지 않는 한 우리는 결코 자신의 잠재력을 완전히 발휘하지 못하며, 혼자 방치 된 나무처럼 열매를 맺지도 못한다.

— 플로렌스 리타우어, '즐겁게 일하라'에서

촌철활인 | 한 치의 혀로 사람을 살린다

칭찬은 귀로 먹는 보약과 같습니다. 수만 톤의 가시는 벌 한 마리 불러 모으지 못하지만 한 방울의 꿀은 수많은 벌떼를 불러 모읍니다. 리더십 대가 워렌 베니스는 "선생님의 기대를 한 몸에 받는 학생은 그 사실만으로도 지능지수가 평균 25나 올라간다." 라고 말하고 있습니다. 칭찬과 격려는 자신감을 낳고 자신감은 성과를 낳는 선순환 메커니즘이 필요합니다.

인정과 격려

한 설문조사에 의하면, 놀랍게도 미국인의 65%가 지난 1년간 뛰어난 업무 성과를 올리고도 칭찬이나 인정을 받은 적이 한 번도 없다고 대답했다. 또한 지나치게 인정받아서 고민이 된다는 사람은 한 명도 만나지 못했다.

– 도널드 클리프턴(갤럽사 회장), '당신의 물통은 얼마나 채워져 있습니까?'에서

촌철활인 | 한 치의 혀로 사람을 살린다

이 책에서 저자는 "칭찬과 인정이 제대로 이뤄지지 않는 회사는 반드시 어려움을 겪게 된다."라고 강조합니다. 미국 노동부 자료에 의하면 사람들이 회사를 떠나는 가장 큰 이유가 자신을 인정해 준다는 느낌을 받지 못하기 때문이라고 합니다. 인정과 격려는 비용 문제가 아니라 마음의 문제입니다. 그러나 효과는 금전적 투자를 크게 능가합니다.

격려가 인생의 절정기를 만든다

나는 아첨하는 사람을 믿지 않는다. 비판하는 사람도 좋아하지 않는다. 무시하는 사람은 용서하지 않는다. 그러나 격려해주는 사람은 절대 잊지 않는다.

−윌리엄 워드(William Ward)

촌철활인 | 한 치의 혀로 사람을 살린다

격려를 받는 사람은 그렇지 않은 사람보다 고통을 훨씬 더 오래 참는다는 실험 결과가 있습니다. 격려를 받은 사람은 불가능에 도전하고 커다란 역경을 극복할 수 있습니다. 작가 조지 애덤스는 "누구의 인생이든 절정기가 있게 마련이고, 그 절정기의 대부분은 누군가의 격려를 통해 찾아온다."며, 격려를 '영혼의 산소'라 칭했습니다.

좋은 사람이라고 믿으면
좋은 사람이 된다

상대를 좋은 사람이라고 생각하고 그렇게 믿어라. 그러면 그 사람은 반드시 좋은 사람이 된다. 우리가 돌려받는 것은 우리 마음을 투사한 것에 대한 반사임을 잊지 말라.

— 맥스웰 몰츠

촌철활인 | 한 치의 혀로 사람을 살린다

세상에서 가장 무서운 것 중 하나가 인간적 갈등입니다. 모든 인간적 갈등에는 공통점이 하나 있습니다. 갈등의 해결책은 나에게서 비롯된다는 것이 그것입니다. 채근담에서는 원활한 인간관계를 위한 첫 번째 지혜가 한걸음 양보하는 것이라 했습니다. 양보, 배려, 존중, 믿음, 감사, 용서, 네 탓이 아닌 내 탓. 남이 아닌 내가 먼저 마음을 열고 손을 내밀 때 갈등은 눈 녹듯 사라지게 되어있습니다.

높은 기대치를 갖는 것

　25년 전 하버드 대학에서 초등 교사 50명을 대상으로 실험을 했다. 25명에게는 그들이 가르칠 학생들이 낙제생이며, 가족은 교육열이 높지 않다고 했다. 나머지 25명에게는 "당신들이 맡은 아이들은 훌륭해요. 그들은 우등생입니다. 그들의 가족은 교육열이 대단합니다."라고 말했다. 학기 말에 전자의 학생들은 대략 25~30점 정도 점수가 떨어진 반면, 후자는 50점 상승했다.

– 워렌 베니스, '리더를 말하다'에서

촌철활인 | 한 치의 혀로 사람을 살린다

　'피그말리온 효과'에 대한 유명한 실험입니다. 두 표본 사이에는 차이가 전혀 없었습니다. 교사들이 높은 기대치를 갖고 있을 때 학생들은 정말로 그렇게 실행했습니다. '너는 잘할 수 있다.'는 기대를 만들어 주는 것은 성과창출 리더십에 매우 중요한 요소입니다.

장점을 보지 못하는 단점

영웅의 위대함을 보지 못하는 사람이 있다면 그는 영웅 가까이 있는 사람일 것이다. 가까이 있는 사람의 장점을 보지 못하는 것은 사람들의 변치 않는 단점이다.

– 김은주, '세상에서 가장 긴 1cm'에서

촌철활인 | 한 치의 혀로 사람을 살린다

여기서 두 가지를 배웁니다. 하나는 가까이 있는 사람일수록 그 소중함을 알고 더 잘 대해야 한다는 점입니다. 공자는 이를 '근자열近者悅 원자래遠者來(가까이 있는 사람에게 잘해야 멀리 있는 사람을 얻을 수 있다)'라고 표현한 바 있습니다. 두 번째는 가까이 있는 사람에게서 단점 보다는 장점을 찾는 데 더 많은 노력을 기울여야 한다는 교훈입니다.

공을 다른 사람에게 돌려라

네가 아무리 높은 자리에 있더라도, 특별히 위치를 사용할 필요가 없다. 어떤 일의 결과가 좋았을 때, 너에게 공을 돌리지 말고 다른 사람을 칭찬하라. 그러면 사람들은 자신의 능력을 특별하다고 느끼게 되고 더 열심히 일하게 된다.

— 브라이언 로버츠(컴 캐스트 CEO), 아버지가 던져준 충고

촌철활인 | 한 치의 혀로 사람을 살린다

아주 평범한, 그러나 대단한 위력을 가진 진리입니다. 공적을 쌓는 데는 누구보다 앞장서되, 공적의 결실 앞에선 한 발 물러나 자신을 낮추는 자세가 사람을 움직이는 가장 매력적인 기술입니다.(진희정, '손석희 스타일'에서) 모든 사람은 칭찬에 목말라 합니다. 여러분 상사도 예외가 아닙니다. 공을 위와 아래로 돌려보세요. 여러분에게 돌아오는 공은 더 커지게 됩니다.

나무에 가위질을 하는 것은

나무에 가위질을 하는 것은 나무를 사랑하기 때문이다. 부모에게 꾸중을 듣지 않으면 똑똑한 아이가 될 수 없다. 겨울 추위가 한창 심한 다음에 오는 봄의 푸른 잎은 한층 푸르다. 사람도 역경에 단련된 후에야 비로소 제값을 한다.

– 벤자민 프랭클린

촌철활인 | 한 치의 혀로 사람을 살린다

인간미의 본질은 자신을 희생해서라도 상대방을 진심으로 아끼고 보살피는 마음입니다. 무조건 부드럽고 싫은 소리를 안 하는 것이 인간미라고 착각해서는 안 됩니다. 상사가 부하의 잘못을 지적하고 지도하기 위해 꾸짖는 것이야말로 진정한 인간미의 발로입니다.(이건희 회장) 단, 질책은 정말 그 사람을 키우기 위해 자극이 필요하다고 판단될 때만 할 수 있는 자제력이 필요합니다.

잘못되었다고 바로 지적하지 마라

더 평화스럽고 더 사랑받는 삶을 위한 놀랍고도 진정한 전략은, 다른 사람들로 하여금 자신이 옳다는 생각을 기분 좋게 유지하도록 두는 것이다. 그 영광을 그들로부터 빼앗지 마라. 그 생각이 잘못되었다고 바로 잡으려고 해서는 절대로 안 된다.

– 리차드 칼슨

촌철활인 | 한 치의 혀로 사람을 살린다

　사람들은 논쟁하고 토론하는 것을 좋아합니다. 논쟁이 끝나면 십중팔구 쌍방 모두가 논쟁 전보다 더 강하게 자기 의견을 고집하며 자신의 승리를 확신합니다. 그러나 말로 이기는 것은 공허합니다. "서로 논쟁한들 오해를 없애지 못하며, 협력과 관용, 동정하는 마음을 통해서만 다른 사람의 관점을 이해할 수 있다恨不消恨, 端賴愛止."라는 부처님 말씀을 새겨봅니다.

엄격함이 1, 관용이 9인
넓은 마음을 가져라

사람을 가르치기 위해서는 관용과 엄격함을 동시에 지녀야 한다. '엄격함이 50%, 관용이 50%'라는 말이 있다. 그러나 내 생각은 다르다. 관용과 엄격함이 반반이면 그냥 평범한 상태로 끝날 것이다. 나는 엄격함이 10%, 관용이 90%를 차지하는 게 적절하다고 생각한다.

— 마쓰시타 고노스케

촌철활인 | 한 치의 혀로 사람을 살린다

마쓰시타 고노스케는 "관용을 갖춘 10%의 엄격함은 100%의 엄격함으로 발휘되어야 한다."라고 주장합니다. 예를 들어 열 번 할 훈계를 묶어 한 번만 하면 그 훈계는 열 번의 훈계에 이르는 효과가 있는 반면, 한 번으로 끝낼 수 있는 훈계를 열 번이나 하면 당연히 효과를 기대할 수 없다는 것입니다.

단점이 없다면 사람이 아니다

결점 없는 인재를 등용하려는 조직은 최대한 발전해 봤자 평범한 조직에 머무르는 수준이다. '모든 면에서 뛰어난' 인재를 찾으려는 이도 결국 무능한 자만 발견할 뿐이다. 색채가 없는 사람은 세상은 온통 하얘서 눈이 피로하다. 단점이 없다면 사람이 아니다. 큰 성과를 거두는 이들은 대개 장단점이 뚜렷하게 대조를 이루는 유형이다.

— 피터 드러커

촌철활인 | 한 치의 혀로 사람을 살린다

모든 사람은 장점과 더불어 단점을 가지고 있습니다. 따라서 무결점주의자만으로 조직을 구성하려는 것은 결국 아무것도 안 하겠다는 것과 같은 이치라 하겠습니다. 단점보다는 장점을 위주로 사람을 판단하되, 그 사람이 가진 단점으로 인해 동료와 조직 전체에 심각한 악영향을 끼치는 단점은 용납되어서는 안 됩니다.

손해 본 일은 모래위에,
은혜는 대리석에 새겨라

내가 남에게 베푼 공은 마음에 새겨서는 안 되지만, 내가 남에게 한 잘못은 마음에 새겨 두어야 한다. 남이 내게 베풀어준 은혜는 잊어서는 안 되지만, 남이 내게 원한을 맺게 한 일은 잊어야 한다.

– 채근담

촌철활인 | 한 치의 혀로 사람을 살린다

세상을 제대로 살아가는 이치는 동서고금을 떠나 일맥상통하다는 느낌을 자주 받습니다. 위 글을 보면서 "손해를 본 일은 모래위에 기록하고, 은혜를 입은 일은 대리석 위에 기록하라."라는 벤저민 프랭클린의 글을 떠올려 보았습니다.

지는 것이 이기는 것이다

남이 잘한 것이 있으면 적극 찾아내 칭찬해주고, 남이 잘못하거든 덮어주라. 남이 나를 해치려 해도 맞서지 않고, 남이 나를 비방해도 묵묵히 참으라. 그러면 해치던 자가 스스로 부끄러워하고, 비방하던 자는 스스로 그만둘 것이다.

– 김충선, '모하당집'

촌철활인 | 한 치의 혀로 사람을 살린다

임진왜란 이후 일본에서 귀화한 김충선이 후손에게 전한 절박한 생존법입니다. "너희를 해치는 이들에게 앙심을 풀지 말고 너희 자신을 들여다보아라. 그들 말이 맞으면 너희가 고치면 되고, 그들이 잘못했다면 언젠가 부끄러워 할 것이다. 너희에게 욕설을 퍼붓는 이들이 있거든 끝까지 참고 자신을 다스려라. 순간의 분노는 더 큰 화를 부르는 법이다. 지는 것이 이기는 것이다."

용서는 당신을 치료한다

용서는 당신을 다시 삶의 운전석에 앉게 해준다. 용서는 당신에게 상처를 준 사람에게 당신이 넘겨 준 당신 삶의 통제권을 다시 가져오게 한다. 용서는 과거의 상황이 당신의 현재를 지배하지 않도록 가르친다. 그리고 무엇보다도 용서는 당신을 치료한다.

– 딕 티비츠, '용서의 기술'

촌철활인 | 한 치의 혀로 사람을 살린다

복수심에 불타는 사람은 먼저 두 개의 무덤을 파야한다는 이야기가 있습니다. 증오와 분노로 가득 찬, 남을 용서하지 못하는 마음의 상태는 스트레스를 유발하고 건강을 해치기 때문입니다. 남을 용서하는 것은 결국 자기 자신을 위한 이기적인(?) 행위라 할 수 있습니다. 용서는 내 삶과 행복을 남에게 맡기지 않고 스스로 책임지겠다고 선언하는 일이기도 합니다.

가장 이기적인 행동은
남을 용서하는 것

심신의학에서 관심을 갖는 인간의 본능 중 하나가 복수심이다. 남을 용서하지 않는 마음의 상태는 증오, 분노, 적개심, 원한, 두려움, 괴로움 등이 섞여 있기 때문에 스트레스를 유발하고 건강을 해치게 마련이다. 요컨대 남을 용서하면 건강에 도움이 되는 것이다. 자신을 위해 할 수 있는 가장 이기적인 행동이 남을 용서하는 것이라는 말이 설득력을 갖는다.

– 이인식, '과학 칼럼'에서

촌철활인 | 한 치의 혀로 사람을 살린다

종교에서 복수심에 불타는 사람은 먼저 두 개의 무덤을 파야 한다고 경고하는 것도 과학적 근거가 있는 셈입니다. 쉬운 일을 너무 어렵게 풀어가는 사람들이 많습니다. 용서하고 마음의 평화를 얻어 스스로의 건강과 인간관계, 자기 발전에 도움이 되는 길을 택할 것인지 아니면, 증오와 분노와 복수심을 키워서 스스로 자기를 파멸시키는 길을 택할지는 순전히 자신의 선택에 달려 있습니다.

멋지게 화내기

누구든지 분노할 수 있다. 그것은 매우 쉬운 일이다. 그러나 올바른 대상에게, 올바른 정도로, 올바른 시간 동안에, 올바른 목적으로, 올바른 방법으로 분노하는 것은 누구나 할 수 있는 일이 아니다. 또한 결코 쉬운 일이 아니다.

– 아리스토텔레스(고대 철학자)

촌철활인 | 한 치의 혀로 사람을 살린다

백병원 우종민 교수는 멋지게 화내는 방법을 다음과 같이 제안합니다. "분노가 생길 때는 스스로에게 세 가지 질문을 던져본다. 첫째, 이 상황이 내 건강과 바꿀 만큼 중요한가? 둘째, 이 분노가 정당하고 의로운가? 셋째, 화내는 것이 문제 해결에 효과적인가, 다른 대안은 없는가? 화가 나는 상황에서 자동적으로 머릿속에 떠오를 수 있도록 질문을 외워야 한다. 이 세 가지 질문에 대한 답이 모두 '예'라면 화를 내도 된다."

이청득심(以廳得心),
경청으로 마음을 사라

커뮤니케이션은 나를 파는 것이다

커뮤니케이션은 메시지를 파는 것이 아니라 커뮤니케이션을 하는 자기 자신, 즉 메신저를 파는 일이다. 메신저의 신념을 팔아야 메시지에 담겨진 스토리가 팔린다. 커뮤니케이션을 통한 설득력은 많이 말하는 것보다 짧게 말하고 상대방의 말을 들어주는 가운데 공감대가 형성된다.

— 존 코터, '펭귄 원정대의 모험'에서

촌철활인 | 한 치의 혀로 사람을 살린다

한 사람의 역량은 자신의 순수한 재능에 커뮤니케이션 능력을 곱한 것과 같다고 합니다. 설득의 파워는 말하는 데에서 나오지 않고 공감적 경청에서 나옵니다. 나를 팔기 위해서는 80% 시간은 듣고, 20%의 시간만 말하는 것과 같은 나름의 경청의 원칙을 만들 필요도 있습니다.

필사적 커뮤니케이션이 필요하다

소매업은 교육산업이다. 같은 것을 반복적으로 지적해야 점포수준을 겨우 올릴 수 있다. 그 수준을 유지하거나 더욱 높이기 위해서는 매번 같은 내용일지라도 계속 지적해야 한다. 절대로 다이렉트 커뮤니케이션을 그만두지 않을 것이다.

– 스즈키 도시후미(세븐 일레븐 회장)

촌철활인 | 한 치의 혀로 사람을 살린다

‘필사적 커뮤니케이션’이라는 말이 있습니다. 매사에 어떤 목표를 이루려면 자신의 생각을 필사적으로 전달해야 한다는 개념입니다. 그렇지 않으면 사람이나 조직은 움직이지 않습니다. 도요타에서는 필사적으로 끈질기게 전달하고 있는가를 항상 경계하고자 하는 취지에서 필사적 커뮤니케이션이라는 말을 자주 사용합니다.(엔도 이사오, ‘끈질긴 경영’에서)

직원의 의욕은
커뮤니케이션 횟수로 결정된다

커뮤니케이션이란 정보와 감정을 주고받는 일이다. 직원들 사이에서는 '이 일을 언제까지'라는 정보와 '당신이 좋다, 싫다'라는 감정을 서로 주고받음으로써 커뮤니케이션이 성립한다. 재미난 점은 정보에도 감정에도 '情'이라는 글자가 들어간다는 것이다. 정의 깊이는 횟수로 결정된다.

– 고야마 노보루, '숫자에 주목하라'에서

촌철활인 | 한 치의 혀로 사람을 살린다

고야마 노보루 사장은 "남녀가 하루 24시간을 함께 보냈다면 그저 하룻밤의 추억으로 남을 뿐이지만, 같은 24시간이라도 2시간 데이트를 12번이나 하다 보면 정이 깊어져 어느새 애정으로 변한다."라고 주장하면서, 마찬가지로, 커뮤니케이션도 횟수가 거듭되면 질이 높아지는 법이라고 강조합니다.

말의 힘은 우리의 생각보다 훨씬 세다

　푸념이나 험담을 하면 일순간 쾌감을 느끼는 것 같지만, 사실 부정적인 말에는 분노라는 독소가 포함되어 있어 결국 말하는 사람 스스로 불쾌한 감정과 스트레스를 받을 수밖에 없다. 그러니 자기 자신을 위해서라도 부정적인 말은 입에 담지 않는 것이 좋다.

– 코이케 류노스케, '생각버리기'에서

촌철활인 | 한 치의 혀로 사람을 살린다

　예일대 존 바그 교수는 "우리 뇌는 '움직인다'라는 단어를 읽으면 무의식적으로 행동할 준비를 한다. 특정 단어가 특정 부위를 자극하기 때문이다."라고 말했습니다. 무심코 던진 한마디의 말이 사람을 살리기도 하고 죽이기도 합니다. 특히 부정적인 말은 말하는 사람과 듣는 사람 모두에게 병의 원인이 될 수 있을 정도로 치명적이라는 사실에 주목해야 합니다.

잘나가는 영업사원들의 화술

일본경제신문에서 잘 나가는 영업사원들의 영업화술을 조사한 결과는 다음과 같다. 1위 무조건 상대방의 이야기를 듣는다. 2위 업무 외 이야기 80%, 일 이야기 20%로 먼저 자신을 좋아하게 만든다. 3위 상대방의 연령층에 맞는 말로 이야기한다. 4위 좋은 점을 찾아서 칭찬한다.(단, 속 보이는 아부는 금물)

– 일본경제신문

촌철활인 | 한 치의 혀로 사람을 살린다

상대방에게 많이 말하게 할수록, 내가 상대방의 말을 들어주는 시간이 길면 길수록 상대방은 당신을 좋아하게 됩니다.(미국 웨슬리 대학 실험결과) 다른 사람의 말을 잘 들어주는 것이 잘 파는 지름길입니다. 말 잘하는 것이 핵심 경쟁력으로 생각되는 영업에서도 말 잘하는 것보다는 잘 듣는 것이 더 효과적임을 알 수 있습니다. 결국 잘 들어주는 것이 말 잘하는 것입니다.

혀에게 재주를 가르치는 것은 매우 어렵다

사람을 이롭게 하는 말은 따뜻하기가 솜과 같고, 사람을 상하게 하는 말은 날카롭기가 가시 같아서 한마디 말이 사람을 이롭게 함은 소중하기가 천금 같고, 한마디 말이 사람을 속상하게 함은 아프기가 칼에 베이는 것과 같다.

– 명심보감

촌철활인 | 한 치의 혀로 사람을 살린다

혀에게 재주를 가르치는 것은 어렵다. '말을 너무 많이 하지 마라' '비밀을 지켜라' '혀를 움직이기 전에 잠시 생각해 보아라' 하는 말을 항상 혀에게 가르쳐도 혀는 어느새 그것을 잊고 만다. 그것은 혀에게 뼈가 없기 때문이다. 탈무드에 나오는 이야기입니다.

소통하기 전에 5초만 멈춰라

세상의 모든 문제는 말을 너무 섣불리 해서 생긴다. 기쁘고 슬픈 일, 아름답고 추한 일, 어렵고 쉬운 일을 말할 때는 마음속으로 5초를 기다린 후 말하는 것이 실수를 줄여준다. 5초를 기다리는 동안 마음을 누그러뜨리고 성질을 다 잠재울 수는 없겠지만 그래도 최소한 막 나오려는 험한 말, 절대 해서는 안 될 말을 완화시킬 수는 있다.

— 백기복, '말하지 말고 대화를 하라'에서

촌철활인 | 한 치의 혀로 사람을 살린다

5초는 '과다표현을 죽이는 킬러'의 역할을 합니다. 울화를 마구잡이로 표현하고, 슬픔을 헝클어진 모습으로 분출하며, 패한 사람은 조금도 배려하지 않은 채 승리의 기쁨을 한껏 표현하고 싶은 마음을 누를 수 있어야 진정으로 아름다운 소통이 가능해집니다.

타인을 바꾸려고 하지 마라

자신의 마음을 바꾸는 것은 할 수 있는 일이며, 타인의 마음을 바꾸는 것은 할 수 없는 일이다. 할 수 있는 일에 힘을 쓰는 사람은 지혜로운 사람이며, 할 수 없는 일에 신경 쓰는 사람은 어리석은 사람이다.

– 에픽테토스(고대 그리스 철학자)

촌철활인 | 한 치의 혀로 사람을 살린다

우리는 하루에 5~6만 가지 생각을 하면서 살아간다고 과학자들은 말합니다. 부정적인 생각, 남을 비판하고 원망하는 생각의 비중을 큰 폭으로 줄이고, 긍정과 희망, 나를 새롭게 하는 생각의 비중을 크게 높이는 '생각의 구조조정'을 해낼 수 있다면 우리 삶은 훨씬 더 행복해지리라 믿습니다.

성공적 갈등관리를 위한 101% 원리

성공적인 갈등 처리의 비결은 101% 원리에 따라 사는 것이다. 만일 당신과 갈등관계에 있는 고집스런 사람이 있다면 당신과 그 사람이 일치하는 1%를 찾아내라. 그리고 그 1%를 위해 당신의 100% 노력과 능력을 쏟아부어라. 그 1%를 실마리로 해서 당신 두 사람을 함께 묶도록 하라.

— 존 맥스웰

촌철활인 | 한 치의 혀로 사람을 살린다

재미있는 방법입니다. 동료직원과 갈등 관계에 있을 때 바로 갈등문제부터 해결하려고 노력하는 대신, 먼저 공통점을 찾아내서 우호적 관계를 설정하게 되면 자연스럽게 문제가 해결될 거라는 얘기입니다. 대부분의 갈등은 문제 그 자체가 아닌, 사람과 사람과의 관계에 있음을 제대로 지적하고 있습니다.

논쟁은 피하는 것이 가장 좋다

만일 우리가 논쟁을 벌이고 남을 이기려 할 때, 설령 승리를 거둔다 하더라도 얻는 것보다 잃는 것이 더 많을 것이다. 왜냐하면 논쟁으로는 절대 상대방의 호감을 얻을 수 없기 때문이다.

— 벤자민 프랭클린

촌철활인 | 한 치의 혀로 사람을 살린다

논쟁에서 이겼을 때 우리는 순간적인 쾌감을 얻게 됩니다. 그러나 그 결과로 상대방의 자존심을 다치게 하고 불쾌감을 안겨 주게 됩니다. 논쟁에서 이겼다고 해서 진정한 승복과 신뢰가 따라오지는 않습니다. 논쟁으로 최대의 이익을 얻을 수 있는 방법은 논쟁을 멈추는 것입니다. 인간관계의 대가, 데일 카네기도 같은 주장을 펼치고 있음에 주목합니다.

좋은 말은 사용하지 않으면 위험하다

말은 칼과 다르다. 사용하지 않아서 안전한 것이 아니라 사용하지 않아서 위험하게 되는 것이다. 좋은 말은 늘 그랬다.

– 신달자, '시인의 칼럼'에서

촌철활인 | 한 치의 혀로 사람을 살린다

제 아무리 좋은 말이라도 마음속에 있을 땐 아무런 효과가 없습니다. 가슴에만 담아둘 때, 감정은 무거워지고 오해가 생겨나는 등 문제가 될 수 있습니다. '미안하다' '감사하다' '잘했다' '괜찮아' 같은 다정한 말, 칭찬하고 인정하는 말, 사랑한다는 말은 두 번 세 번 한다고 문제 되는 경우는 없습니다. 좋은 말은 하면 할수록 관계도 삶도 좋아집니다.

잘 듣는 것은
훈련을 필요로 하는 기술이다

다른 사람과 이야기하는 것은 하프를 연주하는 것과 같은 것이다. 현을 하나 켜는 일도 중요하지만, 현을 누르고 그 진동을 억제하는 것도 그에 못지않게 대단한 기술을 요한다.

– 올리버 웬들 홈스(Oliver Wendell Homes, 미국 대법원 주임판사)

촌철활인 | 한 치의 혀로 사람을 살린다

'칼의 노래' '남한산성'으로 유명한 소설가 김훈 선생은 말하기와 쓰기는 자신을 표출하는 행위로, 그리고 듣기와 읽기는 세상을 받아들이는 행위로 구분하면서, 듣기가 말하기보다 어렵다고 강조합니다. 또한 잘 듣기 위해서는 훈련이 필요하다고 강조합니다. 상대가 소중하고 고귀한 존재라는 느낌이 있어야 제대로 된 듣기가 가능하다는 선생의 가르침은 많은 생각을 하게 합니다.

말 잘하는 리더

마케팅 기법에 '123 화법'이라는 것이 있다. 상품을 판매하는 사람들은 1분은 자신이 얘기하고 2분은 고객의 말을 들어주며 3분은 맞장구를 쳐주어야 거래가 잘 성사된다는 얘기다. 고객에게 말하는 시간보다 고객의 말을 듣는 시간을 더 가져야 한다는 얘기다.

— 김정태(대투증권 사장)

촌철활인 | 한 치의 허로 사람을 살린다

리더는 말을 잘해야 합니다. 말을 잘해야 한다는 것에는 잘 들어야 한다는 뜻이 포함되어 있습니다. 사람들은 경청할 줄 아는 사람에게 말을 잘한다는 평가를 내려줍니다. 심지어 단 한마디도 하지 않는 대신 경청하고, 맞장구만 쳐주어도 말 잘하는 사람으로 간주된다고 데일 카네기는 그의 인간관계론에서 말하고 있습니다.

대화의 3분의 2를 듣는 데 쓴다

나는 회사 구내식당, 강당 어디에서든 직원들과 얘기한다. 이때 나는 늘 '3분의 2 원칙'을 지킨다. 주어진 대화시간의 3분의 2를 듣고, 그 질문에 대답하는 데 썼다. 이를 통해 반대자들의 목소리를 가라앉히고 많은 사람을 내 편으로 끌어들이는 데 성공했다.

— A. G. 래프리(P&G CEO)

촌철활인 | 한 치의 혀로 사람을 살린다

남의 말을 듣지 않고 자기 생각만 말하는 사람은 귀머거리나 다름없다는 인디언의 격언이 있습니다. 직원들에게 동기를 부여하는 가장 좋은 방법은 그들의 얘기를 진지하게 들어주는 것입니다. '들을 청聽' 자를 자세히 뜯어보면, "다른 사람의 말을 듣는 이耳가 으뜸王이며, 들을 때는 열十 개의 눈目을 움직여 하나—의 마음心을 주시하는 것처럼 들으라."라는 메시지를 담고 있음을 알 수 있습니다.

경청, 가장 강력한 설득의 무기

나와 보통 세일즈맨의 차이는 딱 하나다. 나는 고객이 말을 할 때, 절대로 물건이나 실적에 대해 생각하지 않는다. 그 순간, 나는 아무 생각 없이 고객의 말만을 '경청'한다. 보통 세일즈맨들은 열에 아홉은 물건과 실적에 대해 생각한다. 스스로는 고객의 말을 굉장히 잘 듣고 있다고 착각하면서 말이다.

— 래리 바커·키티 왓슨, '마음을 사로잡는 경청의 힘'에서

촌철활인 | 한 치의 혀로 사람을 살린다

경청은 현대사회에서 가장 무시되기 쉬운 경쟁력이요, 사람들이 가치를 잘 모르는 잠재력입니다. 사람들에게 환영받는 지름길은 적게 말하고 많이 듣는 것입니다. "귀를 씻고 공손하게 듣는다."라는 뜻을 가진 '세이공청洗耳恭聽'이라는 사자성어는 경청하는 습관이 성공적인 대화의 첫걸음이라는 사실을 잘 말해 줍니다.

상대방이 좋아하는 사람 되기

사람은 누구나 자기 말이 옳다고 얘기해 주는 이들에게는 호감을 갖는다. 사람은 누구나 자기 말에 토를 달거나 동의하지 않는 이들은 싫어한다. 사람은 누구나 자기 말에 대해 좋은 반응이 없을 때는 기분이 나빠진다. 공감적 경청이 필요한 이유가 여기에 있다.

— 레스 기블린

촌철활인 | 한 치의 혀로 사람을 살린다

상대는 당신보다는 자신의 일과 소망, 그리고 문제에 더 많은 관심을 갖고 있습니다. 백만 명이 굶어 죽는 대기근이 일어나도, 자신의 치통에 더 중요한 의미를 둡니다. 목에 생긴 종기가 아프리카 지진보다 더 큰 관심사인 것입니다. 다른 사람과 이야기할 때에는 이 점을 생각해야 합니다. (데일 카네기)

말하기와 듣기

사람들에게 비웃음을 사고, 무시당하고, 외면까지 당할 수 있는 세 가지 방법은 절대 상대방의 이야기를 끝까지 들으면 안 되고, 계속 자기 말만 해야 하고, 상대방의 이야기를 듣다가 자신이 할 이야기가 있으면 바로 끊고 자신의 말을 하면 된다.

– 앤드류 카네기

귀 기울여 듣는 것은 마음을 얻는 지혜(以聽得心, 이청득심)임에 틀림없습니다. 그러나 잘 듣는 것은 결코 쉽지 않습니다. 이야기를 듣는 일은 말하는 것보다 3배 이상의 에너지가 필요하고, 주의해서 들어봐야 24초를 넘기지 못한다고 합니다. 말을 배우는 데는 2년이 걸리지만 침묵을 배우는 데는 60년이 걸린다는 말도 새겨들을 만합니다.

듣는 것은 하나의 기술

듣는 것은 하나의 기술이다. 북적대는 방에서 누군가와 이야기를 할 경우라도, 나는 그 방에 우리 둘만 있는 것처럼 그를 대한다. 다른 것은 모두 무시하고 그 사람만 쳐다본다. 고릴라가 들어와도 나는 신경 쓰지 않을 것이다.

– 메리케이 애쉬(메리케이 애쉬 화장품 창업회장)

촌철활인 | 한 치의 혀로 사람을 살린다

경청의 최대 장점은 '말하는 사람이 자신의 좋은 아이디어를 듣는 사람과 공유하고 싶어 한다는 것'과 '그 사람으로 하여금 온 힘을 쏟아 일하게 하는 것'입니다. 경청은 그의 가치를 인정해주는 것이기 때문입니다. 한 사람 한 사람에게 개인적으로 다가가 그의 이야기를 들어주는 것, 그 자체가 존중과 격려입니다.

듣는 것도 훈련이 필요하다

인간은 깨어있는 시간의 70%를 의사소통에 사용하고 있다. 그중 48%가 듣기이며 35%가 말하기이다. 1%가 읽기, 7%가 쓰기이며, 기타가 9%로, 듣기는 실로 의사소통의 절반을 차지하고 있다.

— 박노환, '경청으로 시작하라'에서

촌철활인 | 한 치의 혀로 사람을 살린다

"듣는 일은 의사소통의 기술 가운데 가장 과소평가되어 있다. 듣는 일이 중요하기 때문에 신은 우리에게 귀는 두 개, 입은 하나를 주신 것이다." 자신의 가장 중요한 경영기술로 들을 줄 아는 능력을 꼽았던 메리케이 애쉬 회장의 말입니다. 말하기가 요령과 기술이라면, 듣기는 마음과 자세에 가깝습니다. 성공적인 리더들 대부분은 말하는 것보다 더 많이 듣고 있습니다.

경청은 본능이 아니라 학습이다

대중에게 다가서는 지름길은 그들에게 혀를 내미는 것이 아니라 귀를 내미는 것이다. 내가 상대방에게 어떤 달콤한 말을 한다 해도, 상대방 입장에서는 자기가 말하고 싶어 하는 얘기의 절반만큼도 흥미롭지 않은 법이다.

– 도로시 딕스(컬럼리스트)

촌철활인 | 한 치의 혀로 사람을 살린다

사람들에게 환영받는 지름길은 적게 말하고 많이 듣는 것입니다. 경청은 본능이 아니라 학습입니다. 경청은 상대와의 관계를 증진시켜주는 효과만점의 마법 지팡이지만, 당장에는 노동과 고통의 통과의례를 거쳐야 획득할 수 있습니다. 가슴이나 어깨 근육처럼 듣는 근육도 훈련을 하면 할수록 발달합니다.

친절과 미소,
감사로 섬겨라

행복을 원한다면 섬기는 방법을 연구하라

여러분의 운명이 어떻게 될지 나는 모릅니다. 하지만 한 가지는 알고 있습니다. 여러분 중 참으로 행복하게 될 사람이 있다면, 그는 계속해서 섬기는 법을 찾으려는 사람입니다.

– 알버트 슈바이처

촌철활인 | 한 치의 허로 사람을 살린다

왜 그럴까 곰곰이 생각해 보았습니다. 늘 섬기는 방법을 찾는 사람은 불평불만을 하지 않을 듯합니다. 매사에 감사할 줄 아는 사람일 것입니다. 자신보다 남을 우선시하는 마음으로 대가나 자리를 바라지 않고 먼저 섬긴다면 행복은 쉽게 우리를 찾아올 것입니다.

지적능력과 감성지능

지적 능력을 지나치게 중요시하지 말아야 한다. 물론 지적 능력이 강력한 도구이기는 하지만 인간미가 없다. 즉 사람들에게 봉사하지만 그들을 이끌지는 못한다.

— 앨버트 아인슈타인

촌철활인 | 한 치의 혀로 사람을 살린다

거의 모든 직업의 성공요인이 지적능력에서 감성지능으로 바뀌고 있다는 연구결과가 많이 나오고 있습니다. 새가 좌우 양 날개로 날아가는 것처럼, 지적 능력IQ과 감성능력EQ 둘 다 중요합니다. 다행인 것은, 지적능력이 꾸준히 계발가능한 것처럼, 감성지능도 노력에 의해 얼마든지 개선시킬 수 있다는 점입니다.

친절을 베푸는 행위에는
결코 낭비라는 게 없다

미모의 아름다움은 눈만을 즐겁게 하나, 상냥한 태도는 영혼을 매료시킨다. 부드러움과 친절은 나약함과 절망의 징후들이 아니고, 힘과 결단력의 표현이다.

– 칼린 지브란(작가)

촌철활인 | 한 치의 혀로 사람을 살린다

친절은 세상을 아름답게 합니다. 모든 비난을 해결합니다. 얽힌 것을 풀어헤치고, 곤란한 일을 수월하게 하고, 암담한 것을 즐거움으로 바꿉니다.(톨스토이) 사람은 남에게 친절하고 관대한 것이 자기 마음의 평화를 유지하는 길입니다. 남을 행복하게 할 수 있는 사람만이 행복을 얻을 수 있습니다.(플라톤)

사소함이 만드는
위대한 성공법칙, 친절

단테의 '신곡'을 강의하면서 나는 새로운 사실을 깨달았다. 그것은 학생들에게 단테에 대해 가르치는 것보다 친절한 사람이 되도록 가르치는 것이 중요하다는 사실이었다. 학생들이 아무리 단테를 잘 배운다 해도 밖에 나가서 버스에 탄 할머니들에게 불친절하게 대하면 나는 선생으로서 실패했다고 느끼게 될 것이다.

– 포르니(P. M. Forni, 존스홉킨스 대학 교수)

촌철활인 | 한 치의 혀로 사람을 살린다

영국 소설가 헨리 제임스Henry James는 "사람의 삶에서 중요한 세 가지가 있다. 첫째는 친절이고, 둘째 셋째도 친절이다."라고 말했습니다. 플라톤 역시 "친절해라. 우리가 만나는 사람은 모두 힘든 싸움을 하고 있다."며 만나는 모든 사람에게 친절하게 대할 것을 강조했습니다. 친절함이라는 작은 행동은 '사소함이 만드는 위대한 성공 법칙'이라는 놀라운 결과를 안겨줄 것입니다.

친절을 베푸는 행위는 결코 밑지는 법이 없다

　　살아 보니까 내가 주는 친절과 사랑은 밑지는 적이 없다. 소중한 사람을 만나는 것은 1분이 걸리고 그와 사귀는 것은 한 시간이 걸리고 그를 사랑하게 되는 것은 하루가 걸리지만, 그를 잊어버리는 것은 일생이 걸린다는 말이 있다. 그러니 남의 마음속에 좋은 기억으로 남는 것만큼 보장된 투자는 없다.

– 장영희, '살아온 기적, 살아갈 기적'에서

촌철활인 | 한 치의 혀로 사람을 살린다

　　아마존 창업자 제프 베조스는 어렸을 때 할아버지가 말씀해 주신 "똑똑한 사람이 되는 것보다 친절한 사람이 되는 게 힘들다는 걸 너도 언젠가는 깨닫게 될 거다."라는 경구를 가슴에 새기며 살았다 합니다. 사람들은 시간이 흘러, 나이가 들어갈수록 재능을 갖춘 사람보다 친절한 사람을 존경하고 따르게 됩니다.

CEO들이 답한 성공의 제1요인

미국 컬럼비아 대학교 MBA 과정에서 우수 기업 CEO를 대상으로 "당신이 성공하는 데 가장 큰 영향을 준 요인은 무엇인가?"라고 질문한 적이 있었다. 그러자 놀랍게도 93%가 능력, 기회, 운(運) 등이 아닌 '매너'를 꼽았다.

– 정진홍, '인문의 숲에서 경영을 만나다'에서

촌철활인 | 한 치의 혀로 사람을 살린다

리더십은 마음을 사는 것입니다. 좋은 매너는 마음의 문을 여는 열쇠입니다. 프랑스에서는 매너를 '삶을 멋지고 성공적으로 영위할 줄 아는 방법'이라고 정의한다고 합니다. 또한 매너는 배려입니다. 역지사지易地思之로 입장 바꿔 생각할 줄 아는 것이야말로 매너의 기본입니다.

성공은 결과가 아니라 과정입니다

그날 나는 누군가에게 미소 짓기만 해도 베푸는 사람이 될 수 있다는 것을 배웠다. 그 후 세월이 흐르면서 따뜻한 말 한마디, 지지 의사표시 하나가 누군가에게는 고마운 선물이 될 수 있다는 것을 알았다.

– 마야 안젤루, '나는 멋지고 아름답다'에서

촌철활인 | 한 치의 혀로 사람을 살린다

"자기가 태어나기 전보다 세상을 조금이라도 살기 좋은 곳으로 만들어 놓고 떠나는 것, 자신이 한때 이곳에 살았음으로 해서 단 한 사람의 인생이라도 행복해지는 것, 이것이 진정한 성공이다."라고 갈파한 랄프 왈도 에머슨의 말처럼, 우리는 매일 매일의 삶속에서 성공을 축적해 갈 수 있습니다. 성공은 결과가 아니라 과정입니다.

말 한마디가 주는 기쁨과 슬픔

웃음은 위로 올라가 증발되는 성질을 가졌지만 슬픔은 밑으로 가라앉아 앙금으로 남는다. 이처럼 슬픔은 기쁨보다 오래가는 성질을 가졌는데 사람들은 그것을 상처라고 부른다.

- 공지영

촌철활인 | 한 치의 혀로 사람을 살린다

모든 인간관계가 아픔과 기쁨의 근원입니다. 신영복 선생님은 생각은 가슴으로 하는 것이 아니라 마음으로 하는 것이라고 강조합니다. 집 나간 아들을 생각하면 어머니의 머리가 아니라 가슴이 아프다는 말씀과 함께…. 무심코 던진 말 한마디가 마음에 깊은 상처를 남기기도 합니다. 반대로, 친절한 말은 짧고 쉽게 할 수 있는 것이지만 그 메아리는 끝없이 울려 퍼집니다.(마더 테레사)

작은 미소 하나가 세상을 바꾼다

그날 나는 누군가에게 미소 짓기만 해도 베푸는 사람이 될 수 있다는 걸 배웠다. 그 후 세월이 흐르면서 따뜻한 말 한마디, 지지 의사표시 하나가 누군가에게는 고마운 선물이 될 수 있다는 걸 깨달았다. 내가 옆으로 조금만 움직이면 다른 사람이 앉을 수 있는 자리가 생긴다.

– 마야 안젤루, '딸에게 보내는 편지'에서

촌철활인 | 한 치의 혀로 사람을 살린다

인간은 만물의 영장이면서 또 감정의 동물이기도 합니다. 큰 친절이 아닌 고맙다는 말 한마디에 사람들은 감동을 먹고(?) 마음을 엽니다. 보통 사람이 간과하는 사소한 말 한마디, 인사, 작은 관심과 배려가 인생을 바꾸는 뜻밖의 열쇠가 되는 경우가 많습니다. 아무런 이유 없이 베푸는 사소한 친절, 그 사소한 친절이 뜻밖의 큰 복을 불러옵니다.

얼굴과 낙하산은 펴져야 산다

웃음은 먼저 웃는 사람이 임자다. 내가 먼저 웃으면 고객도 따라 웃게 된다. 이럴 때 주도권은 내게로 오게 된다. 그러나 고객이 먼저 웃고 내가 따라 웃게 된다면 주도권은 고객으로 넘어가게 된다. 고객을 대할 때는 내가 먼저 웃어라. 웃음은 바이러스처럼 강한 전파력이 있어서 고객의 마음까지도 즐거운 기분으로 만들어주기 때문이다.

– 문충태, '고객졸도서비스'에서

촌철활인 | 한 치의 혀로 사람을 살린다

낙하산과 얼굴의 공통점은 둘 다 펴져야 산다는 것입니다. 낙하산이 펴지지 않으면 사람이 죽게 되고, 얼굴이 펴지지 않으면 서비스가 죽게 됩니다. 얼굴은 내 것이지만 표정은 상대를 위한 것입니다. "웃지 않으려면 가게 문 열지 말라."라는 유태인 속담도 함께 전해 드립니다.

웃는 얼굴은 남을 행복하게 만든다

매력적으로 아름답게 웃는 얼굴은 상대방에게 호감을 줄 뿐만 아니라 상대의 마음까지 행복하게 만든다. 그 행복이 몇 배로 불어나서 다시 돌아와 내 운명을 바꾸어 놓기도 한다. 그것이 바로 웃음의 힘이다.

– 정연아, '성공하는 사람에겐 표정이 있다'에서

촌철활인 | 한 치의 혀로 사람을 살린다

비용이 들지 않으면서도 효과가 큰 방법들이 많이 있습니다. 미소와 칭찬, 존중과 배려 같은 것들이 바로 그러한 것입니다. 누구나 조금만 신경을 쓴다면 돈을 안들이고도 사람을 움직일 수 있는 방법을 수백 개(?)는 찾아낼 수 있습니다.

많이 웃으면 많이 팔 수 있다

연기자를 동원, 그중 50명은 시종일관 웃음을 띠고, 50명은 무표정한 상태로, 나머지 50명은 험상궂거나 신경질적인 얼굴로 판매를 하는 실험을 했다. 그 결과 놀랍게도 웃음팀은 목표량의 3~10배까지 팔았고, 무표정팀은 목표량의 10~30%를 판매한 반면, 인상을 쓴 팀은 전혀 팔지 못했다.

– 제이슨(프린스턴 대학 판매연구소 박사)

촌철활인 | 한 치의 혀로 사람을 살린다

판매원들은 95%의 이성과 5%의 감성으로 고객에 다가가지만 고객들은 5%의 이성과 95%의 감성으로 판매원을 대합니다. 95%의 감성에 결정적 영향을 미치는 것이 바로 미소와 웃음입니다. 전설적 자동차 판매왕 '조 지라드'는 "웃음의 위력을 알지 못하는 세일즈맨은 결코 성공할 수 없다."라고 단언합니다.

웃음은 인생이라는
토스트에 바른 잼이다

삶과 자신에 대해 웃을 수 있는 사람은 살면서 스트레스를 덜 받는다. 유머감각이 뛰어나면 사다리를 더 빨리 오를 수 있고, 또한 그 과정을 더 많이 즐길 수 있다. 유머감각이 있는 사람은 좋은 인간관계를 유지하기 때문에 사람에 대한 영향력도 커진다. 부서의 연대의식이 강화되고 생산성이 증대된다.

— 존 맥스웰

촌철활인 | 한 치의 혀로 사람을 살린다

미시간 대학에서 실시한 연구결과에서도 유머감각이 있는 사람들은 독창적이며, 현실적이고, 자신감이 있다고 합니다. 다이앤 존슨은 "웃음은 인생이라는 토스트에 바른 잼이다. 풍미를 더 해주고, 빵이 마르지 않게 하며, 삼키기 쉽게 해준다."라고 말했습니다. 행복하기 때문에 웃는 것이 아니라 웃기 때문에 행복해진다는 사실을 다시 한 번 상기하세요.

타인의 마음을 얻는 방법

타인의 마음을 이해하는 일에는 요령이 있다. 누구를 대하든 자신이 아랫사람이 되는 것이다. 그러면 저절로 자세가 겸손해지고, 이로써 상대에게 좋은 인상을 안겨준다. 그리고 상대는 마음을 연다.

– 괴테, '괴테의 말'에서

촌철활인 | 한 치의 혀로 사람을 살린다

역지사지 하는 것만큼 상대의 처지를 이해하기 좋은 방법은 없습니다. 아랫사람의 입장이 되어보거나 고객의 입장에 서보는 훈련을 일상화하면 타인의 마음을 얻는 방법을 보다 쉽게 터득할 수 있을 것입니다.

타인을 제대로 이해하기 위해선

'이해하다'를 뜻하는 영어단어, 'Understand'의 진정한 의미는 다음과 같다. 즉, 그 사람의 밑(Under)에 서야(Stand) 진정으로 그 사람을 이해(Understand)할 수 있다는 것이다.

– '성격이 나를 바꾼다'에서

촌철활인 | 한 치의 혀로 사람을 살린다

상대방과 처지를 바꾸어 생각하라는 역지사지易地思之라는 한자성어와 유사한 의미를 갖고 있습니다. 상당수의 갈등이 역지사지易地思之하고, 상대방의 밑에 서서Understand 이해하려고 노력한다면 쉽게 해결될 수 있다고 확신합니다. 만약, 갈등이 심각하다면 상대방의 입장에 서 보십시오! 그래도 이해가 안 되면 상대의 밑에 서 보세요!

인생의 기적을 일으키는
가장 쉬운 말들

'감사합니다' '죄송합니다' '괜찮습니다' '사랑합니다' 인생의 기적을 일으키는 가장 쉬운 말입니다. 그러나 안 쓰기로 작정하면 뜻밖에 불편한 말이 됩니다. 일생 쓰지 않으면 일생 기적도 없습니다.

— 조정민, '사람이 선물이다'에서

촌철활인 | 한 치의 혀로 사람을 살린다

말 잘하는 사람은 청산유수가 아니라 '네' '아니오' '감사합니다' '죄송합니다' 네 마디를 필요할 때 적절히 쓸 줄 아는 사람입니다. 말이 많아 지혜로운 사람이 드물고, 말이 적어 어리석은 사람이 드뭅니다.

'감사합니다'라는 말의 수익률

피터 드러커가 리더십의 가장 중요한 3가지 요소에 대해 질문을 받았다. 그의 대답은 다음과 같다. 첫째, 단순하게 하라. 당신이 하는 일을 너무 복잡하게 만들지 마라. 둘째, 언어 습관에서 가장 중요한 2가지는 경어를 쓰는 것과 '감사합니다'라는 말이다. 셋째, 절대로 누가 옳은지를 물어보지 말고 무엇이 옳은지를 물어라.

– 돈 소더퀴더스트, '비전으로 이끌고 열정으로 승부하라'에서

촌철활인 | 한 치의 혀로 사람을 살린다

'감사합니다'라는 말 한마디 투자에 대한 수익률은 무한대입니다. 모든 일은 다른 사람들의 도움을 받아 이뤄집니다. 인정과 배려만큼 사람을 움직이는 것도 많지 않습니다. 다른 이들에게 진심어린 감사를 표하는 것만으로도 많은 일들이 자연스럽게 이뤄집니다.

고맙다는 한마디면 된다

가장 혁신적인 회사에서는 혁신도가 낮은 회사에 비해 고맙다는 말을 훨씬 더 많이 한다.

– 로자베스 모스 캔터(하버드 비즈니스 스쿨 교수)

'내가 정말 알아야 할 모든 것은 유치원에서 배웠다'라는 책에서 로버트 풀검은 매일 아침 출근할 때 볼 수 있는 곳에 "고맙다고 말하는 것 잊지 말기!"라는 메모를 붙여두라고 말합니다. 제1의 동기부여 요인이 '고맙다'는 한마디의 말이라는 조사가 많이 있습니다.

면역력을 높이는 감사의 힘

'감사합니다' '고맙습니다'라는 인사를 하루에 두 번 이상 소리 내어 말해보자. 이 인사는 청각을 통해서 뇌에 들어가고 대뇌 피질에서 이해한 말은 대뇌 변역계에 기억되어 마지막으로 자율신경계의 중추인 시상하부에 도달해 마음의 안정을 가져올 수 있다.

– 아보도우루, '면역처방 101'에서

미국에서 가장 돈 되는 말은 "I am sorry(미안합니다)."라는 조사결과가 발표된 적이 있습니다. 여론조사 전문기관 조그비 인터내셔널이 7천 590명을 대상으로 조사한 결과 연봉 10만 달러 이상 고소득자가 연간 2만 5천 달러 이하 빈곤층보다 2배 정도 사과를 많이 하는 것으로 나타났습니다. 몸에 좋은 것을 섭취하고, 몸에 좋은 운동을 하듯이 몸에 좋은 말을 하는 습관을 들이기 위한 노력도 필요합니다.

세상을 바꿀 수 있는 두 가지 말

어머니는 세상을 바꿀 수 있는 큰 힘이 있는데도 사람들이 좀처럼 쓰지 않는 두 가지 말에 대해 이야기 해주셨다. 그것은 바로 "고맙습니다."와 "미안합니다."라는 말이다.

– 켄 블렌차드, '리더의 심장'에서

촌철활인 | 한 치의 혀로 사람을 살린다

"미안합니다."라고 말하는 것은 힘든 일입니다. 특히 리더가 선뜻 자신의 잘못을 인정하고 구성원들에게 용서를 구하는 것은 더욱 어려운 일입니다. 그러나 리더가 자신의 실수를 인정하고 아랫사람에게 진심으로 사과할 때 사람들은 비로소 닫힌 마음을 열고 진정으로 리더를 따르게 됩니다.

감사만큼 건강에 좋은 것은 없다

건강에 영향을 미치는 의학적 변수는 부지기수로 많지만, 존중과 감사보다 긍정적인 효과가 큰 요인을 보지 못했다. 다이어트, 흡연, 운동, 스트레스, 유전적 특징, 약물처방, 외과시술 등을 모두 비교해 봐도 존중하고 감사히 여기는 태도와는 비교도 안 된다. 삶의 질, 발병률, 건강한 신체, 조기사망의 예방 등 어느 기준에서 보더라도 그렇다.

— 딘 오니시(Dean Ornish, 캘리포니아 의과대학 박사)

촌철활인 | 한 치의 혀로 사람을 살린다

사람이 할 수 있는 일 중 돈이 안 들면서 쉽게 할 수 있는 대표적인 것이 다른 사람에게 감사하고, 친절을 베푸는 일입니다. 그리고 이렇게 하는 것은 무엇보다 최대의 대가를 가져다줍니다. 건강을 잃기 전에는 건강의 중요성을 알지 못하는 것처럼(찾지 않아서 그렇지) 우리 주위에는 감사할 것들로 넘쳐납니다. 감사로 하루를 시작하고, 감사로 하루를 마감하면 세상은 크게 달라질 것입니다.

감사하는 마음이 부자를 만든다

감사하는 마음을 가지면 부가 생기고, 불평하는 마음을 가지면 가난이 온다. 감사하는 마음은 행복으로 가는 문을 열어 준다. 감사하는 마음은 우리를 신과 함께 있도록 해 준다. 늘 모든 일에 감사하게 되면 우리의 근심도 풀린다.

― 존 템플턴(템플턴 그로스 설립자)

촌철활인 | 한 치의 혀로 사람을 살린다

감사하는 마음을 가지면 세상은 천국이 되고 불평하는 마음을 가지면 세상은 지옥이 됩니다. 생각을 바꿔보면 '모든 고난 속에는 반드시 축복이 숨어있음'을 발견할 수 있습니다. 따라서 세상에 감사하지 못할 것은 하나도 없습니다. "감사하면 아름다우리라. 감사하면 행복하리라. 감사하면 따뜻하리라. 감사하면 웃게 되리라." 이해인 수녀의 글입니다.

감사할수록 더 많은 것을 얻는다

나는 나의 삶이 죽은 사람이든 살아있는 사람이든 다른 사람들의 노고에 의존하고 있다는 사실을 매일 하루에 백 번씩 스스로에게 일깨운다. 또한 내가 받은 만큼, 그리고 지금도 받고 있는 만큼 주기 위해서 열심히 노력해야 한다고 매일 하루에 백 번씩 스스로에게 일깨운다.

– 알베르트 아인슈타인

촌철활인 | 한 치의 혀로 사람을 살린다

'시크릿' 저자 론다 번은 신작 'Power'에서 감사에 대해 다음과 같이 말합니다. "아무리 작은 것일지라도 당신이 가진 것에 대해 고마워할 때 당신은 그런 것을 더 많이 받을 것이다. 당신이 받은 것, 그리고 지금도 계속 받고 있는 것에 감사하는 마음을 주면 그것은 더 크게 늘어난다. 그와 동시에 감사하는 마음이 당신이 원하는 것을 가져다준다."

성공은 감사의 표현 횟수와 비례한다

감사라는 말은 삶의 윤활유와 같다. 성공이란 오늘 "감사합니다."라는 말을 몇 번 했는지, 오늘 보낸 감사 편지 수에 비례한다. 모든 것에 감사하는 마음으로 살아간다면 감사해야 할 일은 끊임없이 꼬리를 물고 이어질 것이다.

– 톰 피터스, 'The little big think'에서

촌철활인 | 한 치의 혀로 사람을 살린다

마호메트는 "당신이 받은 풍요로운 삶에 대해 감사하는 마음은 그런 풍요로운 삶이 지속되도록 해주는 최고의 보험이다."라고 했습니다. 누군가에게 감사의 인사를 전할 때 우리는 더 많은 기쁨, 더 많은 건강, 더 많은 돈, 더 놀라운 경험, 더 많은 멋진 인간관계, 더 많은 기회를 돌려받게 됩니다.

아무리 채워도
채워지지 않는 고마움의 창고

'고마움의 창고'는 사용하지 않으면 않을수록 용량이 급격히 줄어들지만, 계속 사용하고 또 사용하다 보면 더욱 커져만 가는 것이 고마움의 창고다. 누구나 마음속에는 고마움의 창고가 있을 듯싶다. 오늘따라 직원들에 대한 고마움으로 가슴이 저며 온다.

– 고환택, '철든 놈이 성공한다'에서

촌철활인 | 한 치의 혀로 사람을 살린다

심리학자 로버트 에몬스Robert Emmons는 감사에 대한 연구 결과 '고마운 것들을 하루 5개 정도 꾸준히 기록하는 사람은 스트레스가 적고 건강하며 유쾌하고 낙천적'이라는 사실을 발견했습니다. 고마운 마음이 들면, 과거에 대한 원망이 줄어들고 미래에 대해 더욱 긍정적으로 되고, 감사를 많이 느끼는 사람들은 더 낙관적이고 사고가 유연해서 문제해결 능력도 더 뛰어나다고 합니다.

타인의 은혜에 감사하라

은혜를 모르는 것은 근본적인 결함이다. 그렇기에 은혜를 모르는 사람은, 삶이라는 영역에서 무능한 자라고 할 수 있다. 타인의 은혜에 감사할 줄 아는 마음, 그것은 건실한 인간의 첫 번째 조건인 것이다.

– 괴테

촌철활인 | 한 치의 혀로 사람을 살린다

"네가 가지고 있는 것들에 감사하는 법을 배울 때까지 네가 원하는 것을 얻지 못할 것이다." 감사편지 프로젝트를 시작한 존 코랠릭 판사가 어려서 할아버지로부터 들은 말씀입니다. 윌리엄 제임스는 이렇게 갈파했습니다. "감사를 아는 사람은 다른 사람의 유익을 위해 산다. 더 중요한 것은 이런 철학을 가지고 사는 사람은 저도 모르게 발전하게 된다."

감사가 먼저 선행되어야 한다

인생에는 드러나지 않는 위계질서가 있는데, 우리가 가진 것에 대한 감사가 언제나 우리가 갈망하는 것에 대한 획득보다 선행해야 한다는 것이다. 감사는 늘 먼저 오며, 감사는 언제나 오늘, 바로 지금, 완벽하지 않은 우리의 삶 속에서 시작된다.

— 존 키호, '행복연습'에서

촌철활인 | 한 치의 혀로 사람을 살린다

'감사합니다'라는 말 한마디에 닫혔던 마음이 열립니다. '감사합니다'라는 말의 수익률은 무한대라는 말이 있습니다. 감옥이라도 감사를 하면 수도원이 된다는 말도 있습니다. 언어습관에서 가장 중요한 것은 '감사합니다'라는 말입니다. 감사의 분량이 곧 행복의 분량입니다.

무릎 꿇고 절할 정도로
감사하는 마음을 가져야 한다

　직원이 적은 소규모 회사나 상점 경영자라면 직접 솔선수범하는 태도를 보이면서 직원들에게는 명령만 내려도 어느 정도 성과를 거둘 수 있다. 그러나 직원이 백 명, 천 명으로 증가하면 부탁을 하는 태도를 갖추어야 한다. 직원이 만 명 이상으로 증가한다면 두 손을 모아 절을 할 정도로, 나아가 5만 명, 10만 명 단위가 된다면 무릎을 꿇고 큰 절을 할 정도로 감사하는 마음을 가져야 한다.

– 마쓰시타 고노스케(파나소닉 창립자)

촌철활인 | 한 치의 혀로 사람을 살린다

　장기 불황이 계속되는 일본에서는 경영의 신이라 불리었던 '마쓰시타 고노스케 회장 배우기'가 한창이라 합니다. 내가 잘해서 회사가 잘되고, 그 결과 직원들이 혜택을 입는다는 생각보다 직원들이 잘해서 회사가 잘되고, 그래서 내가 빛난다고 생각하는 경영자들이 많아지기를 기대해봅니다.

권선복
(도서출판 행복에너지 대표이사)

출판사를 경영하면서 참으로 다양한 도서를 세상에 내놓았지만 '행복한 경영이야기' 열 권 시리즈 출간만큼은 그 감회가 남다릅니다. '행복한 경영이야기'의 애독자로서, 휴넷 조영탁 대표의 팬이었던 제가 직접 이 시리즈를 제작했다는 사실만으로도 가슴이 벅찬 까닭입니다.

수차례 출간회의를 하며 교류한 조영탁 대표는 굉장히 유연한 사고방식과 인간미가 넘치는 사업관을 지닌 분이셨습니다. 한편으로는 완벽한 자기관리를 추구하는, 냉철한 CEO의 면모 또한 엿볼 수 있었습니다. 그렇기에 더욱 자신 있게 '행복한 경영이야기' 열 권 시리즈를 도서출판 행복에너지에서 야심작으로 출간할 수 있었습니다. 자신만의 성공과 특권이 아닌, 타인의 행복한 삶까지 늘 돌보는 그분의 마음은 진심이기 때문입니다.

행복한 경영이야기의 10년의 여정, 조영탁 대표의 그 열정에 다시 한 번 힘찬 응원의 박수를 보내며 행복에너지가 대한민국 방방곡곡에 전파되어 많은 사람들의 삶이 행복을 영위하게 되길 진심으로 기원합니다.

부부가 함께 만드는 행복 사다리

신진우 지음 | 284쪽 | 값 15,000원

그렇게나 사랑한 나머지 손을 꼭 붙들고 함께 식장에 들어섰던 그 혹은 그녀의 존재를 재확인하고 다시 인정하는 것에서부터 관계의 회복은 시작된다. 책『부부가 만드는 행복 사다리』는 너무나도 당연한 부부간의 다툼을 어떻게 받아들이고 부부싸움 후 어떠한 방식으로 화해의 실마리를 풀어가야 하는가에 대해 한 수 알려준다.

그대 인연을 사랑하라

남달구 지음 | 300쪽 | 값 15,000원

『그대 인연을 사랑하라』는 비록 남달구 기자가 세상에 내놓는 첫 번째 책이지만 안에 담긴 '맛과 멋'은 장인의 솜씨와 열정 그대로이다. 특종과 이슈가 아닌 '가치와 진실' 그리고 '참 나'를 찾아 떠나온 삶의 여정. 책『그대 인연을 사랑하라』는 수많은 독자에게 참된 나와 진실한 세상으로 가는 길목의 이정표가 되어줄 것이다.

인생 네 멋대로 그려라

이원종 지음 | 304쪽 | 값 15,000원

내 인생은 남이 그려 주지 못한다. 내가 그려야 한다. 내가 하고 싶고 나만이 할 수 있는, 독특한 내 멋대로의 인생을 그려 가야 한다. 이왕이면 대작, 천하를 호령하는 걸작을 그려 가야 하지 않겠는가? 자신이 느끼고 체험했던 사실들이 인생의 초행길을 가는 젊은이들에게 자그마한 등불이 되길 바라는 저자의 마음을 느껴보자.

하루 7분 기적의 글쓰기

김병규 지음 | 256쪽 | 값 15,000원

참 '말' 많은 세상이지만 정작 몇 줄 글을 제대로 쓰는 사람은 찾아보기 힘든 세상이다. 책『하루 7분 기적의 글쓰기』는 누구나에게 익숙한 장르인 수필을 중심으로 쉬운 글쓰기의 진수를 보여준다. 하루 5분은 이 책을 읽고 2분은 자신만의 글을 쓴다면 글쓰기는 더 이상 두려움을 대상이 아닌, 삶의 맛을 더욱 풍성하게 해주는 향신료로 다가올 것이다.